Table des matières

Les sommes jusqu'à 5 2

Les additions de 2, 3, 4 et 5 5

Les additions de 6, 7, 8 et 9 6

Combien d'additions différentes donnent 10? 7

Exerce-toi à additionner! - Les sommes jusqu'à 10 8

Additionner en faisant des bonds de 1 ou 2. 10

Utiliser une droite numérique pour additionner. 12

Construire des phrases mathématiques. . . . 14

On peut additionner les chiffres dans n'importe quel ordre. 16

Exerce-toi à additionner! - Les sommes jusqu'à 10. 18

Les additions jusqu'à 10 19

Charade mathématique- Les sommes jusqu'à 10 20

Exerce-toi à additionner! - Les sommes jusqu'à 10. 21

Additions doubles 22

Additions doubles plus 1 23

Additionner en regroupant des dizaines . . . 24

Isoler une dizaine pour additionner. 27

Exerce-toi à additionner! - Les sommes de 11 à 20 30

Nombres manquants 32

Charade mathématique- Les sommes jusqu'à 20 34

Utiliser une droite numérique pour additionner 35

Exercice : regrouper les unités en dizaines . 36

Additionner des dizaines et des unités 38

Isoler par dizaine pour additionner 40

Addition à 2 chiffres sans regroupement. . . 42

Charade mathématique- Addition à 2 chiffres. 46

Addition à 2 chiffres avec regroupement. . . 47

Charade mathématique- Addition à 2 chiffres avec regroupement 51

Charade mathématique- Addition à 2 chiffres avec regroupement 52

Charade mathématique- Addition à 2 chiffres avec regroupement 53

Addition à 3 chiffres sans regroupement. . . 54

Charade mathématique- Addition à 3 chiffres sans regroupement 56

Addition à 3 chiffres avec regroupement. . . 57

Charade mathématique- Addition à 3 chiffres avec regroupement 59

Charade mathématique- Addition à 3 chiffres avec regroupement 60

Charade mathématique- Addition à 3 chiffres avec regroupement 61

Mini-test 62

Ma progression 87

Certificat de mérite - L'addition 90

Réponses. 91

Les sommes jusqu'à 5

Utilise les blocs pour additionner.

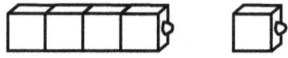

4 + 1 = __5__

2 + 3 = _____

1 + 1 = _____

2 + 2 = _____

1 + 4 = _____

3 + 2 = _____

3 + 1 = _____

1 + 2 = _____

1 + 3 = _____

2 + 1 = _____

Les sommes jusqu'à 5 (suite)

Dessine des cercles pour t'aider à additionner.

● ● ●

$1 + 2 =$ __3__

$2 + 3 =$ _____

$3 + 1 =$ _____

$1 + 4 =$ _____

$1 + 3 =$ _____

$2 + 1 =$ _____

$2 + 2 =$ _____

$1 + 1 =$ _____

$3 + 2 =$ _____

$4 + 1 =$ _____

Les sommes jusqu'à 5 (suite)

Utilise la légende de couleurs pour colorier l'image.

Légende de couleurs
1 - jaune
2 - orange
3 - vert
4 - bleu
5 - touge

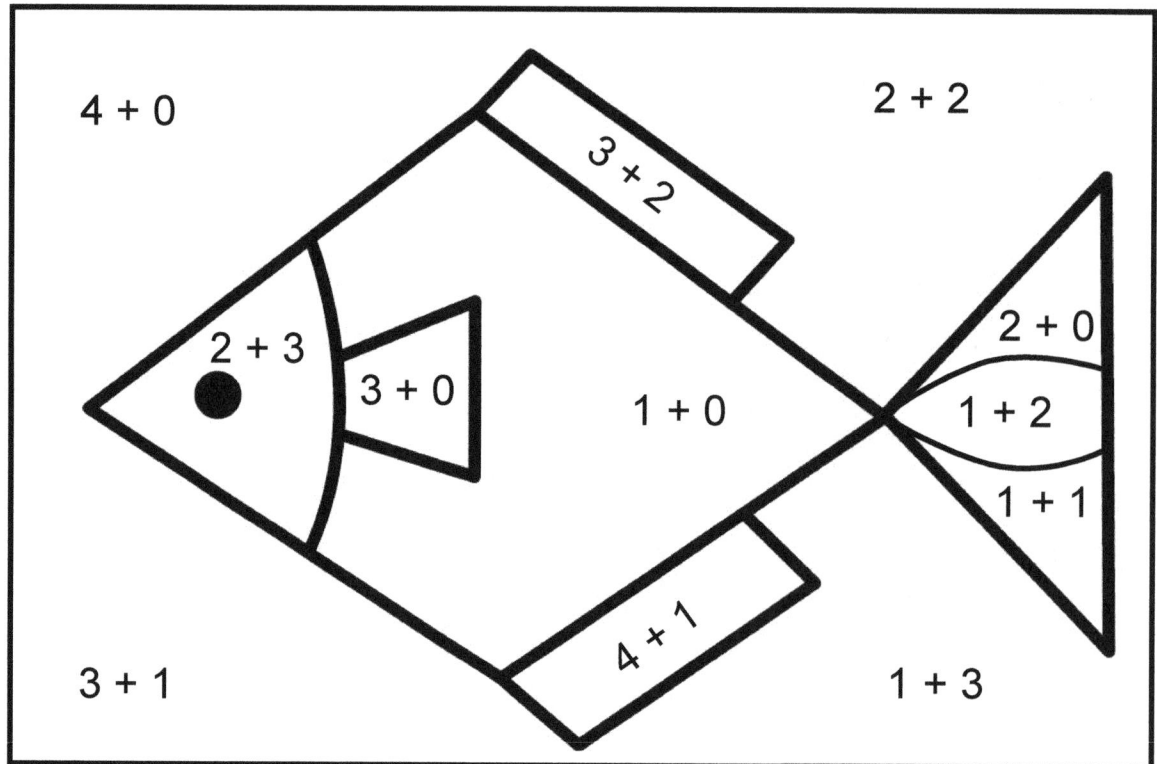

$4 + 0$

$3 + 2$

$2 + 2$

$2 + 3$

$3 + 0$

$2 + 0$

$1 + 0$

$1 + 2$

$1 + 1$

$3 + 1$

$4 + 1$

$1 + 3$

Complète les additions suivantes.

$4 + 1 = $ ____	$3 + 1 = $ ____	$1 + 1 = $ ____
$2 + 0 = $ ____	$5 + 0 = $ ____	$2 + 3 = $ ____
$1 + 3 = $ ____	$0 + 1 = $ ____	$0 + 5 = $ ____
$2 + 2 = $ ____	$1 + 4 = $ ____	$2 + 1 = $ ____
$1 + 0 = $ ____	$3 + 2 = $ ____	$4 + 0 = $ ____
$0 + 4 = $ ____	$1 + 2 = $ ____	$0 + 2 = $ ____

Les additions de 2, 3, 4 et 5

Utilise la légende de couleurs pour colorier l'image.

Légende de couleurs
2 - rouge
3 - bleu
4 - vert
5 - jaune

2 + 1

0 + 3

1 + 1

4 + 1

2 + 0

1 + 3   2 + 2

4 + 0   1 + 3

3 + 1   0 + 4

2 + 2

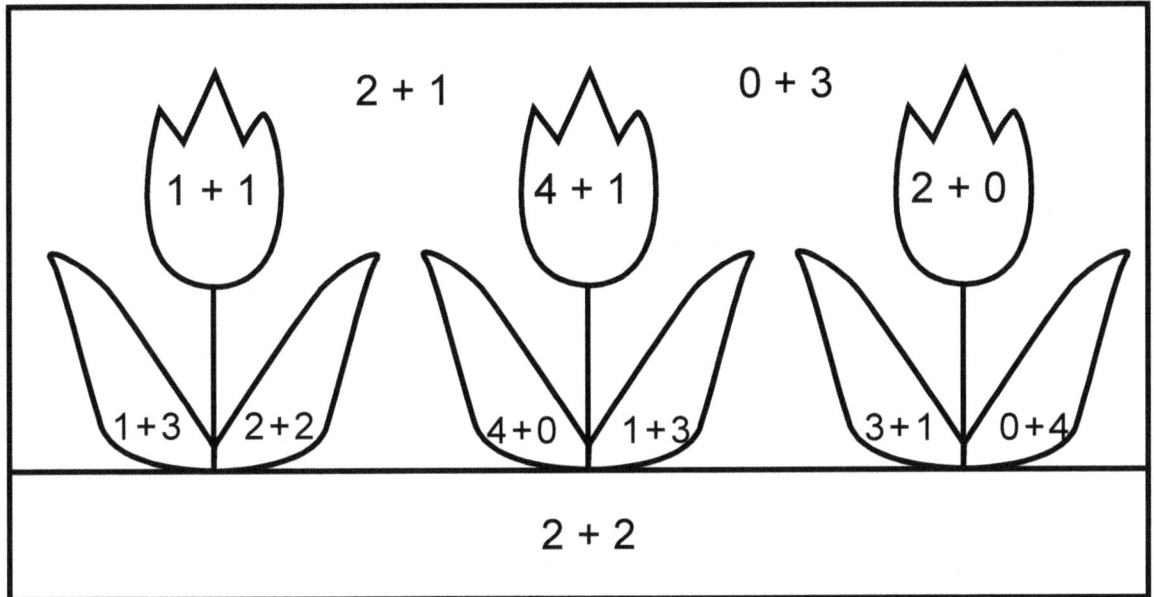

Complète les additions suivantes.

$0 + 5 =$ ___

$1 + 1 =$ ___

$4 + 0 =$ ___

$1 + 2 =$ ___

$4 + 1 =$ ___

$2 + 0 =$ ___

$1 + 4 =$ ___

$0 + 4 =$ ___

$2 + 3 =$ ___

$0 + 3 =$ ___

$2 + 2 =$ ___

$0 + 2 =$ ___

$3 + 2 =$ ___

$3 + 1 =$ ___

$5 + 0 =$ ___

$2 + 1 =$ ___

$1 + 3 =$ ___

$3 + 0 =$ ___

Les additions de 6, 7, 8 et 9

Utilise la légende de couleurs pour colorier l'image.

Légende de couleurs
6 - rouge
7 - bleu
8 - vert
9 - jaune

5 + 4

6 + 3

3 + 4

1 + 7

3 + 3

5 + 2

6 + 1

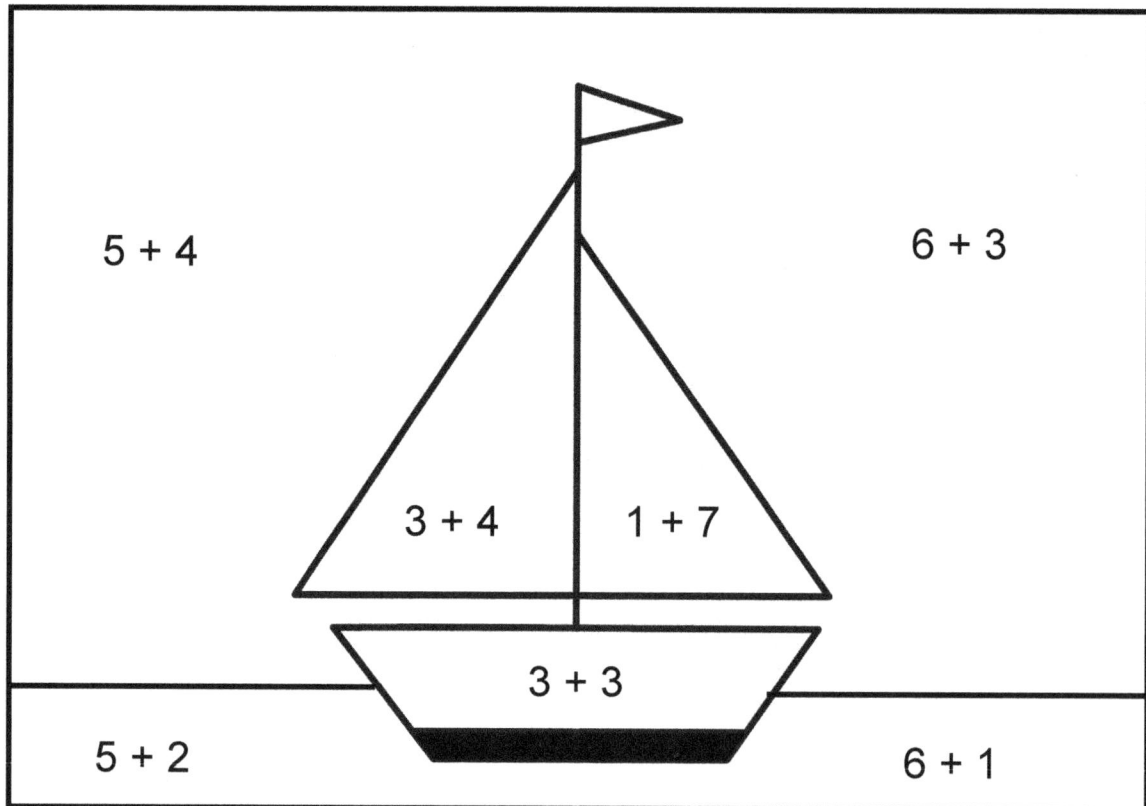

Complète les additions suivantes.

$1 + 5 = \underline{}$

$2 + 6 = \underline{}$

$3 + 4 = \underline{}$

$0 + 9 = \underline{}$

$2 + 5 = \underline{}$

$0 + 8 = \underline{}$

$1 + 7 = \underline{}$

$4 + 5 = \underline{}$

$2 + 7 = \underline{}$

$0 + 6 = \underline{}$

$3 + 5 = \underline{}$

$0 + 7 = \underline{}$

$1 + 6 = \underline{}$

$3 + 3 = \underline{}$

$4 + 4 = \underline{}$

$4 + 2 = \underline{}$

$1 + 8 = \underline{}$

$2 + 4 = \underline{}$

Combien d'additions différentes donnent 10?

Utilise la grille de dix carreaux pour trouver des additions qui donnent 10. Utilise deux couleurs différentes. Ensuite, écris la réponse.

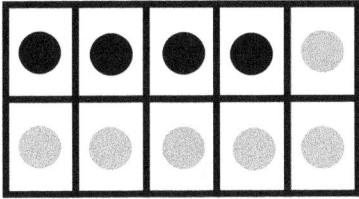

$$\underline{\quad 4 \quad} + \underline{\quad 6 \quad} = \underline{\quad 10 \quad}$$

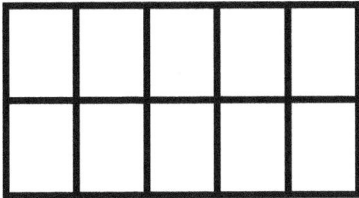

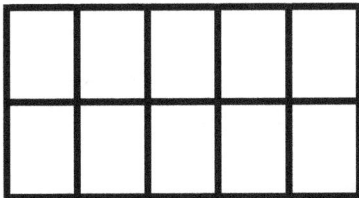

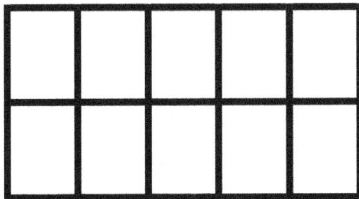

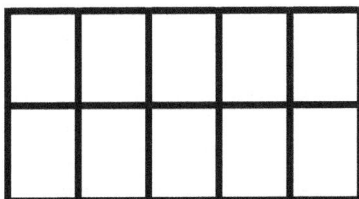

$$\underline{\qquad} + \underline{\qquad} = \underline{\qquad}$$

$$\underline{\qquad} + \underline{\qquad} = \underline{\qquad}$$

$$\underline{\qquad} + \underline{\qquad} = \underline{\qquad}$$

$$\underline{\qquad} + \underline{\qquad} = \underline{\qquad}$$

$$\underline{\qquad} + \underline{\qquad} = \underline{\qquad}$$

Exerce-toi à additionner! - Les sommes jusqu'à 10

Écris l'addition représentée dans la grille. Puis, écris la somme.

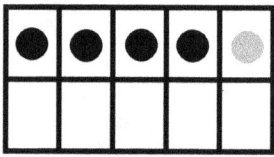

$$\underline{\quad 4 \quad} + \underline{\quad 1 \quad} = \underline{\quad 5 \quad}$$

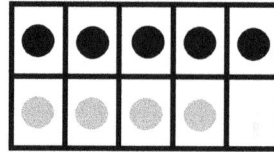

$$\underline{\quad\quad} + \underline{\quad\quad} = \underline{\quad\quad}$$

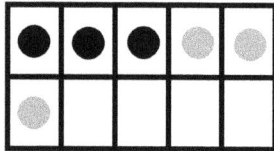

$$\underline{\quad\quad} + \underline{\quad\quad} = \underline{\quad\quad}$$

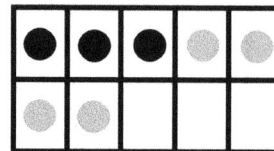

$$\underline{\quad\quad} + \underline{\quad\quad} = \underline{\quad\quad}$$

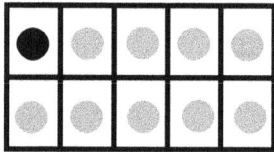

$$\underline{\quad\quad} + \underline{\quad\quad} = \underline{\quad\quad}$$

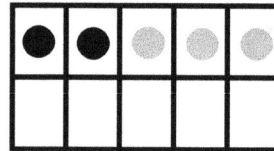

$$\underline{\quad\quad} + \underline{\quad\quad} = \underline{\quad\quad}$$

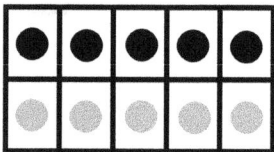

$$\underline{\quad\quad} + \underline{\quad\quad} = \underline{\quad\quad}$$

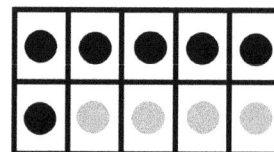

$$\underline{\quad\quad} + \underline{\quad\quad} = \underline{\quad\quad}$$

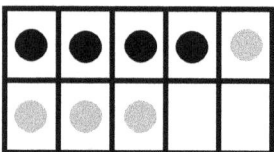

$$\underline{\quad\quad} + \underline{\quad\quad} = \underline{\quad\quad}$$

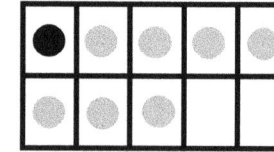

$$\underline{\quad\quad} + \underline{\quad\quad} = \underline{\quad\quad}$$

Exerce-toi à additionner! - Les sommes jusqu'à 10 (suite)

Écris l'addition représentée dans la grille. Puis, écris la somme.

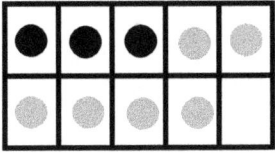

_____ + _____ = _____

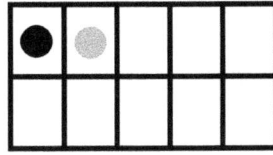

_____ + _____ = _____

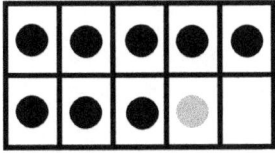

_____ + _____ = _____

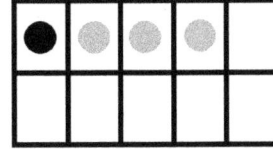

_____ + _____ = _____

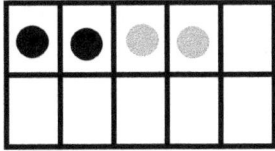

_____ + _____ = _____

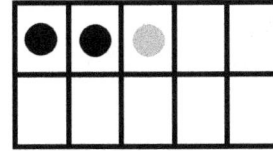

_____ + _____ = _____

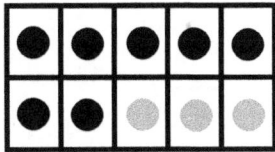

_____ + _____ = _____

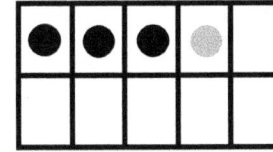

_____ + _____ = _____

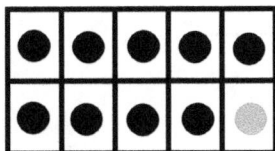

_____ + _____ = _____

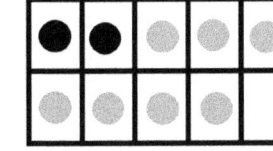

_____ + _____ = _____

Additionner en faisant des bonds de 1 ou 2

Compte en faisant des bonds de 1.

4 + 1 = _____

Commence par le chiffre le plus grand.
Compte par bond de 1.

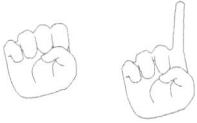

4   5

Arrête quand 1 doigt est levé.

4 + 1 = _____

Compte en faisant des bonds de 2.

4 + 2 = _____

Commence par le chiffre le plus grand.
Compte par bond de 2.

4   5   6

Arrête quand 2 doigts sont levés.

4 + 2 = **6**

Compte en faisant des bonds de 1 ou 2.

6 + 1 = _____

6, _____

5 + 2 = _____

5, _____, _____

2 + 1 = _____

2, _____

3 + 2 = _____

3, _____, _____

8 + 1 = _____

8, _____

1 + 2 = _____

1, _____, _____

3 + 1 = _____

3, _____

7 + 2 = _____

7, _____, _____

Additionner en faisant des bonds de 1 ou 2 (suite)

Compte en faisant des bonds de 1 ou 2.

4 + 1 = _____

4, _____

9 + 1 = _____

9, _____

7 + 1 = _____

7, _____

1 + 1 = _____

1, _____

5 + 1 = _____

5, _____

0 + 1 = _____

0, _____

2 + 2 = _____

2, _____, _____

4 + 2 = _____

4, _____, _____

8 + 2 = _____

8, _____, _____

6 + 2 = _____

6, _____, _____

0 + 2 = _____

0, _____, _____

9 + 2 = _____

9, _____, _____

Utiliser une droite numérique pour additionner

Utilise une droite numérique pour additionner.

6 + 3 = __**9**__

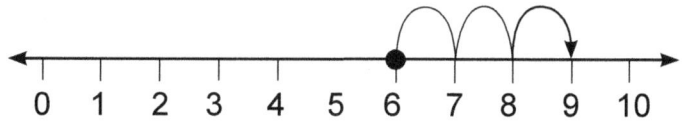

DITES : 7, 8, 9

Dessine un point au chiffre 6.
Dessine 3 bonds vers la droite.
Arrête au chiffre 9.

Utilise la droite numérique pour additionner. Dessine un point pour montrer où commencer. Ensuite, fais le nombre de bonds demandé. Écris la réponse.

3 + 6 = ____

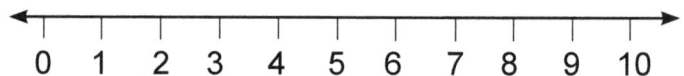

4 + 4 = ____

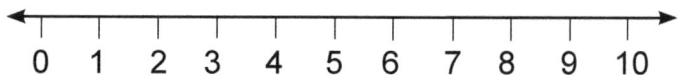

0 + 8 = ____

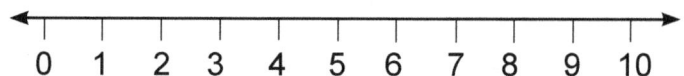

1 + 7 = ____

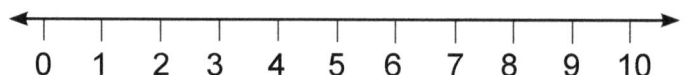

5 + 4 = ____

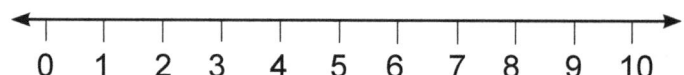

Utilise une droite numérique pour additionner

Utilise la droite numérique pour additionner. Dessine un point pour montrer où commencer. Ensuite, fais le nombre de bonds demandé. Écris la réponse.

0 + 7 = _____

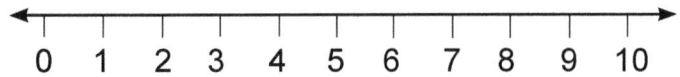

8 + 2 = _____

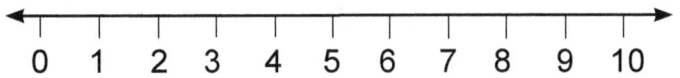

9 + 1 = _____

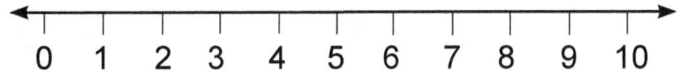

2 + 6 = _____

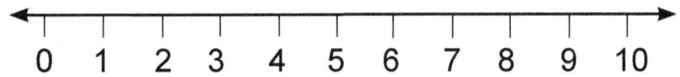

4 + 3 = _____

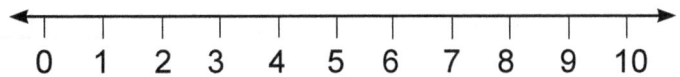

1 + 8 = _____

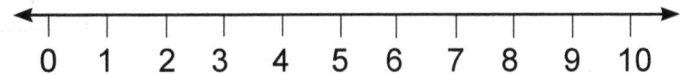

3 + 3 = _____

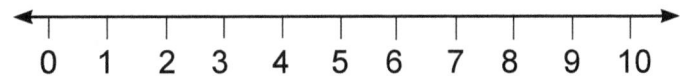

2 + 4 = _____

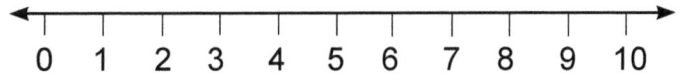

Construire des phrases mathématiques

Montre 3 manières de faire chaque nombre.
Utilise 2 couleurs différentes pour colorier les blocs.

___ + ___ = 9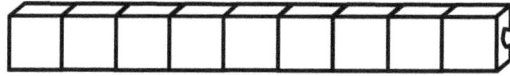

___ + ___ = 9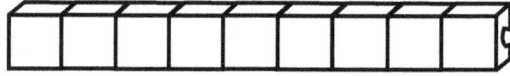

___ + ___ = 9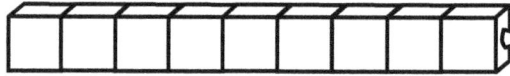

___ + ___ = 3

___ + ___ = 3

___ + ___ = 3

___ + ___ = 7

___ + ___ = 7

___ + ___ = 7

___ + ___ = 5

___ + ___ = 5

___ + ___ = 5

Construire des phrases mathématiques (suite)

Montre 3 manières de faire chaque nombre.
Utilise 2 couleurs différentes pour colorier les blocs.

___ + ___ = 10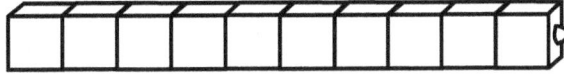

___ + ___ = 10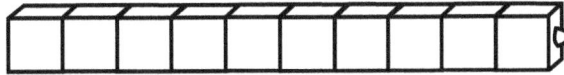

___ + ___ = 10

___ + ___ = 8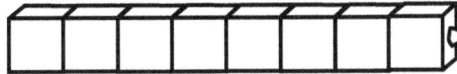

___ + ___ = 8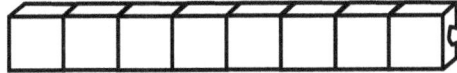

___ + ___ = 8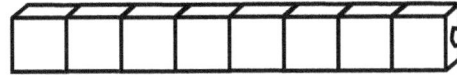

___ + ___ = 6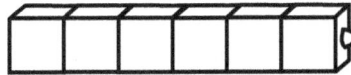

___ + ___ = 6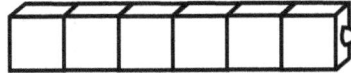

___ + ___ = 6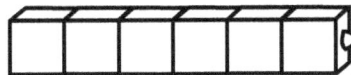

___ + ___ = 4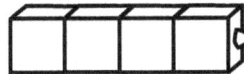

___ + ___ = 4

___ + ___ = 4

On peut additionner les chiffres dans n'importe quel ordre

5 + 2 = 7

2 + 5 = 7

Utilise les grilles pour montrer comment additionner les nombres de deux façons différentes. Utilise deux couleurs. Ensuite, écris la réponse.

6 + 2 = _____

2 + 6 = _____

=

3 + 4 = _____

4 + 3 = _____

=

1 + 8 = _____

8 + 1 = _____

=

4 + 5 = _____

5 + 4 = _____

=

7 + 2 = _____

2 + 7 = _____

=

Utilise la grille pour montrer comment additionner les nombres de deux façons différentes. Utilise deux couleurs. Ensuite, écris la réponse.

$6 + 4 =$ _____

$4 + 6 =$ _____

=

$2 + 3 =$ _____

$3 + 2 =$ _____

=

$1 + 7 =$ _____

$7 + 1 =$ _____

=

$5 + 3 =$ _____

$3 + 5 =$ _____

=

$1 + 3 =$ _____

$3 + 1 =$ _____

=

Crée ta propre question. Utilise des nombres inférieurs à 10.

_____ + _____ = _____ + _____

=

Exercice d'addition

Utilise la légende de couleurs pour colorier l'image.

Légende de couleurs

1 - rouge
2 - jaune
2 - mauve
5 - gris
7 - orange
9 - bleu
10 - noir

8 + 2

2 + 7

9 + 1

0 + 1

1 + 2

4 + 3

3 + 2

2 + 0

5 + 4

5 + 5

6 + 4

Trouve les sommes des additions.

2 + 1 = _____

8 + 1 = _____

3 + 6 = _____

5 + 2 = _____

6 + 0 = _____

0 + 3 = _____

3 + 4 = _____

1 + 1 = _____

1 + 0 = _____

2 + 2 = _____

1 + 5 = _____

4 + 4 = _____

3 + 1 = _____

2 + 3 = _____

4 + 1 = _____

2 + 5 = _____

6 + 1 = _____

3 + 7 = _____

Associe la phrase mathématique à la bonne somme.

4 + 4 =	7	2 + 3
0 + 1 =	**8**	6 + 3
1 + 3 =	6	1 + 1
2 + 4 =	5	3 + 0
3 + 7 =	9	5 + 5
1 + 2 =	2	1 + 0
8 + 1 =	4	4 + 3
2 + 5 =	10	3 + 3
0 + 2 =	1	5 + 3
1 + 4 =	3	2 + 2

Gymnastique mentale

4 + 1 + 5 =   7 + 2 + 1 =

Charade mathématique : les sommes jusqu'à 10

Quel est l'activité que les poissons détestent?

$$\overline{} \; \overline{} \quad \Big| \quad \overline{} \; \overline{} \; \overline{} \; \overline{} \; \overline{}$$
$$\quad 5 \qquad 9 \qquad\quad 6 \qquad 3 \qquad 4 \qquad 7 \qquad 3$$

A $\begin{array}{r} 5 \\ +\,4 \\ \hline \end{array}$	C $\begin{array}{r} 1 \\ +\,3 \\ \hline \end{array}$	E $\begin{array}{r} 2 \\ +\,1 \\ \hline \end{array}$
H $\begin{array}{r} 2 \\ +\,5 \\ \hline \end{array}$	L $\begin{array}{r} 3 \\ +\,2 \\ \hline \end{array}$	P $\begin{array}{r} 2 \\ +\,4 \\ \hline \end{array}$
Q $\begin{array}{r} 1 \\ +\,0 \\ \hline \end{array}$	S $\begin{array}{r} 6 \\ +\,4 \\ \hline \end{array}$	U $\begin{array}{r} 1 \\ +\,1 \\ \hline \end{array}$
Y $\begin{array}{r} 3 \\ +\,5 \\ \hline \end{array}$	**Attention!** Certaines lettres ne sont pas utilisées dans la charade!	

Exerce-toi à additionner! - Les sommes jusqu'à 10

Trouve la somme des additions.

6	1	5	3	2
+ 4	+ 1	+ 2	+ 6	+ 7

0	5	2	1	0
+ 1	+ 0	+ 3	+ 2	+ 7

3	4	3	7	3
+ 4	+ 4	+ 3	+ 3	+ 5

2	6	8	2	4
+ 5	+ 1	+ 2	+ 2	+ 5

Gymnastique mentale

1 + 4 + 5 =   2 + 3 + 5 =

Additions doubles

Écris la phrase mathématique correspondant au dessin.

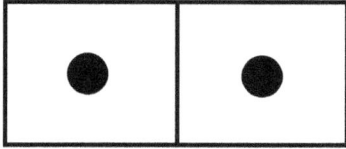

_____ + _____ = _____

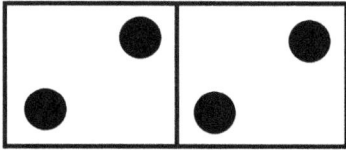

_____ + _____ = _____

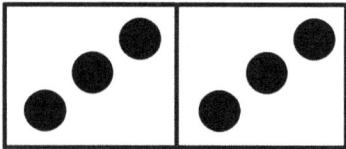

_____ + _____ = _____

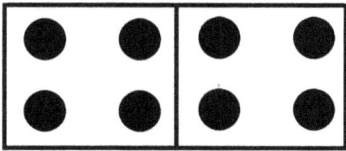

_____ + _____ = _____

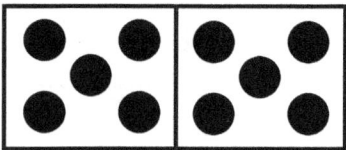

_____ + _____ = _____

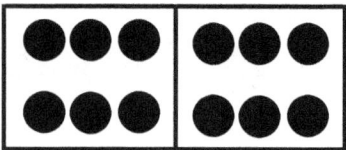

_____ + _____ = _____

Additions doubles plus 1

Utilise l'addition double et ajoute 1 pour additionner.

Si 6 + 6 = **12**

donc 6 + 7 = **13**

Si 10 + 10 = _____

donc _____ + _____ = _____

Si 3 + 3 = _____

donc _____ + _____ = _____

Si 5 + 5 = _____

donc _____ + _____ = _____

Si 8 + 8 = _____

donc _____ + _____ = _____

Si 1 + 1 = _____

donc _____ + _____ = _____

Si 9 + 9 = _____

donc _____ + _____ = _____

Si 2 + 2 = _____

donc _____ + _____ = _____

Si 4 + 4 = _____

donc _____ + _____ = _____

Si 7 + 7 = _____

donc _____ + _____ = _____

Additionner en regroupant des dizaines

Fais un groupe de 10 (dizaine) pour t'aider à additionner.

$3 + 8 = 10 + \underline{1} = \underline{11}$

Encercle 10 unités. Il reste 1 bloc. Utilise ta dizaine, et additionne-la au bloc restant.

$5 + 8 = 10 + \underline{} = \underline{}$

$5 + 7 = 10 + \underline{} = \underline{}$

$7 + 7 = 10 + \underline{} = \underline{}$

$4 + 9 = 10 + \underline{} = \underline{}$

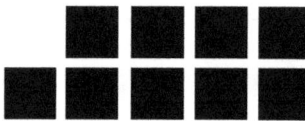

$9 + 6 = 10 + \underline{} = \underline{}$

Fais un groupe de 10 (dizaine) pour t'aider à additionner.

8 + 8 = 10 + ___ = ___

6 + 5 = 10 + ___ = ___

8 + 7 = 10 + ___ = ___

5 + 9 = 10 + ___ = ___

9 + 7 = 10 + ___ = ___

9 + 9 = 10 + ___ = ___

Additionner en regroupant des dizaines (suite)

Fais un groupe de 10 (dizaine) pour t'aider à additionner.

$9 + 8 = 10 + \underline{} = \underline{}$

$7 + 8 = 10 + \underline{} = \underline{}$

$6 + 9 = 10 + \underline{} = \underline{}$

$8 + 6 = 10 + \underline{} = \underline{}$

$9 + 4 = 10 + \underline{} = \underline{}$

$2 + 9 = 10 + \underline{} = \underline{}$

Isoler une dizaine pour additionner

9 + 5 = 14

9 + 5 = 10 + 4 = 14
Je sais que 9 + 1 = 10, donc je peux écrire 5 comme ceci: 4 + 1.
Ensuite, je dois ajouter 4 autres unités. La somme est 14.

Isole une dizaine et additionne.

$8 + 6 = 10 +$ ___ $=$ ___

Dessine une dizaine pour additionner.

$5 + 8 = 10 +$ ___ $=$ ___

$4 + 7 = 10 +$ ___ $=$ ___

$9 + 9 = 10 +$ ___ $=$ ___

Dessine une dizaine pour additionner.

$6 + 6 = 10 + \underline{} = \underline{}$

$5 + 9 = 10 + \underline{} = \underline{}$

$7 + 8 = 10 + \underline{} = \underline{}$

$8 + 8 = 10 + \underline{} = \underline{}$

$7 + 7 = 10 + \underline{} = \underline{}$

Dessine une dizaine pour additionner.

$8 + 7 = 10 + \underline{\quad} = \underline{\quad}$

$4 + 9 = 10 + \underline{\quad} = \underline{\quad}$

$9 + 6 = 10 + \underline{\quad} = \underline{\quad}$

$5 + 7 = 10 + \underline{\quad} = \underline{\quad}$

$3 + 9 = 10 + \underline{\quad} = \underline{\quad}$

Exercice d'addition - Les sommes de 11 à 20

Additionne. Utilise la droite numérique pour t'aider à additionner.
Indice : commence avec le plus gros nombre.

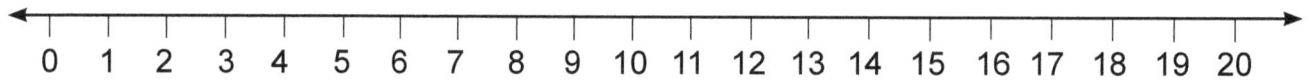

$$0 \quad 1 \quad 2 \quad 3 \quad 4 \quad 5 \quad 6 \quad 7 \quad 8 \quad 9 \quad 10 \quad 11 \quad 12 \quad 13 \quad 14 \quad 15 \quad 16 \quad 17 \quad 18 \quad 19 \quad 20$$

8 + 6	9 + 8	10 + 5	9 + 6	14 + 3
5 + 12	15 + 5	11 + 3	8 + 8	7 + 7
10 + 10	6 + 10	13 + 1	16 + 4	7 + 5
9 + 5	5 + 7	9 + 9	8 + 5	10 + 6

Utilise la droite numérique pour additionner.

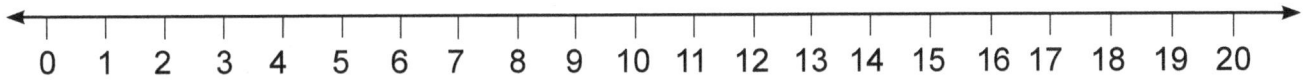

```
0  1  2  3  4  5  6  7  8  9  10  11  12  13  14  15  16  17  18  19  20
```

7 + 8	5 + 5	12 + 3	6 + 6	15 + 3
17 + 2	11 + 0	10 + 3	9 + 2	4 + 9
8 + 10	9 + 7	7 + 6	18 + 2	14 + 3
5 + 9	11 + 7	7 + 4	5 + 13	3 + 12

Nombres manquants

Trouve les nombres manquants. Utilise la droite numérique pour t'aider.

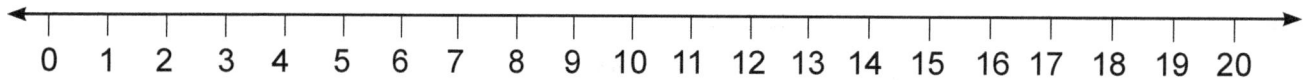

$$0\ \ 1\ \ 2\ \ 3\ \ 4\ \ 5\ \ 6\ \ 7\ \ 8\ \ 9\ \ 10\ \ 11\ \ 12\ \ 13\ \ 14\ \ 15\ \ 16\ \ 17\ \ 18\ \ 19\ \ 20$$

3 + ☐ = 6	9 + ☐ = 18	3 + ☐ = 12	☐ + 6 = 14	4 + ☐ = 15
9 + ☐ = 17	☐ + 2 = 11	7 + ☐ = 12	☐ + 7 = 13	6 + ☐ = 12
3 + ☐ = 5	7 + ☐ = 7	☐ + 10 = 18	☐ + 9 = 14	1 + ☐ = 11
☐ + 8 = 16	10 + ☐ = 20	☐ + 4 = 10	2 + ☐ = 6	10 + ☐ = 15

Nombres manquants (suite)

Trouve les nombres manquants. Utilise la droite numérique pour t'aider.

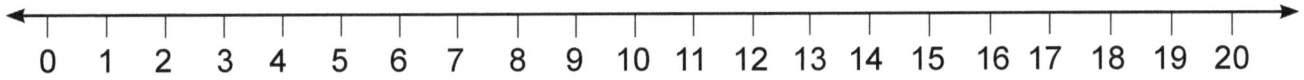

```
◄─┬──┬──┬──┬──┬──┬──┬──┬──┬──┬──┬──┬──┬──┬──┬──┬──┬──┬──┬──┬──►
  0  1  2  3  4  5  6  7  8  9  10 11 12 13 14 15 16 17 18 19 20
```

$$
\begin{array}{r} 2 \\ + \boxed{} \\ \hline 7 \end{array}
\qquad
\begin{array}{r} 9 \\ + \boxed{} \\ \hline 18 \end{array}
\qquad
\begin{array}{r} 13 \\ + \boxed{} \\ \hline 14 \end{array}
\qquad
\begin{array}{r} \boxed{} \\ + 6 \\ \hline 10 \end{array}
\qquad
\begin{array}{r} 3 \\ + \boxed{} \\ \hline 11 \end{array}
$$

$$
\begin{array}{r} 8 \\ + \boxed{} \\ \hline 17 \end{array}
\qquad
\begin{array}{r} \boxed{} \\ + 1 \\ \hline 17 \end{array}
\qquad
\begin{array}{r} \boxed{} \\ + 7 \\ \hline 9 \end{array}
\qquad
\begin{array}{r} \boxed{} \\ + 6 \\ \hline 11 \end{array}
\qquad
\begin{array}{r} 5 \\ + \boxed{} \\ \hline 10 \end{array}
$$

$$
\begin{array}{r} 3 \\ + \boxed{} \\ \hline 8 \end{array}
\qquad
\begin{array}{r} 5 \\ + \boxed{} \\ \hline 9 \end{array}
\qquad
\begin{array}{r} \boxed{} \\ + 11 \\ \hline 16 \end{array}
\qquad
\begin{array}{r} \boxed{} \\ + 6 \\ \hline 12 \end{array}
\qquad
\begin{array}{r} 1 \\ + \boxed{} \\ \hline 15 \end{array}
$$

$$
\begin{array}{r} \boxed{} \\ + 8 \\ \hline 10 \end{array}
\qquad
\begin{array}{r} 5 \\ + \boxed{} \\ \hline 20 \end{array}
\qquad
\begin{array}{r} \boxed{} \\ + 4 \\ \hline 7 \end{array}
\qquad
\begin{array}{r} 2 \\ + \boxed{} \\ \hline 12 \end{array}
\qquad
\begin{array}{r} 10 \\ + \boxed{} \\ \hline 16 \end{array}
$$

Charade mathématique : les additions jusqu'à 20

J'ai un chapeau, mais pas de tête. J'ai un pied mais pas de chaussures. Qui suis-je?

___ ___ | ___ ___ ___ ___ ___ ___ ___ ___ ___ ___
5   14   13 17 19 16 10 12 11 14 9 14

A	**C**	**D**	**G**	**H**
$\begin{array}{r} 10 \\ +\ 9 \\ \hline \end{array}$	$\begin{array}{r} 7 \\ +6 \\ \hline \end{array}$	$\begin{array}{r} 2 \\ +1 \\ \hline \end{array}$	$\begin{array}{r} 9 \\ +2 \\ \hline \end{array}$	$\begin{array}{r} 10 \\ +\ 7 \\ \hline \end{array}$
I	**K**	**L**	**M**	**N**
$\begin{array}{r} 8 \\ +4 \\ \hline \end{array}$	$\begin{array}{r} 9 \\ +9 \\ \hline \end{array}$	$\begin{array}{r} 3 \\ +3 \\ \hline \end{array}$	$\begin{array}{r} 9 \\ +7 \\ \hline \end{array}$	$\begin{array}{r} 8 \\ +6 \\ \hline \end{array}$
O	**P**	**R**	**T**	**U**
$\begin{array}{r} 5 \\ +4 \\ \hline \end{array}$	$\begin{array}{r} 8 \\ +2 \\ \hline \end{array}$	$\begin{array}{r} 10 \\ +10 \\ \hline \end{array}$	$\begin{array}{r} 7 \\ +1 \\ \hline \end{array}$	$\begin{array}{r} 3 \\ +2 \\ \hline \end{array}$
V	**W**	**Y**		
$\begin{array}{r} 9 \\ +6 \\ \hline \end{array}$	$\begin{array}{r} 4 \\ +3 \\ \hline \end{array}$	$\begin{array}{r} 2 \\ +2 \\ \hline \end{array}$		

Attention!
Certaines lettres ne sont pas utilisées dans la charade!

Utiliser une droite numérique pour additionner

Tu peux trouver la somme de deux nombres en faisant des bonds.

14 + 5 = 19   Compte : 14, 15, 16, 17, 18, 19

Utilise la droite numérique pour trouver la somme.

```
←─┬─┬─┬─┬─┬─┬─┬─┬─┬─┬─┬─┬─┬─┬─┬─┬─┬─┬─┬─┬─┬─┬─┬─┬─┬─┬─┬─┬─┬─┬─→
  0 1 2 3 4 5 6 7 8 9 10 11 12 13 14 15 16 17 18 19 20 21 22 23 24 25 26 27 28 29 30
```

24 + 4 =	15 + 3 =
24 + 5 =	16 + 9 =
5 + 12 =	21 + 5 =
18 + 5 =	15 + 7 =

Exercice : regrouper les unités en dizaines

Compte et regroupe les unités en dizaines.

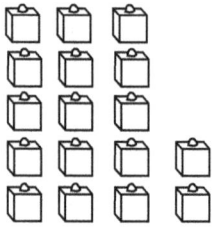

S'il y a plus que 9 unités, **regroupe** 10 unités en 1 dizaine.

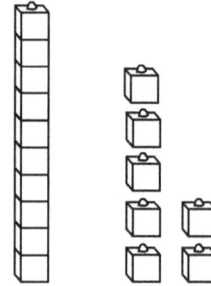

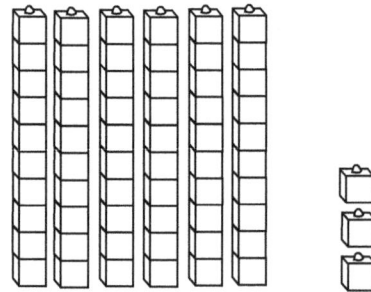

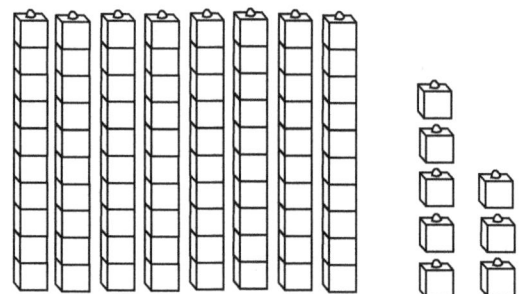

___ dizaines ___ unités

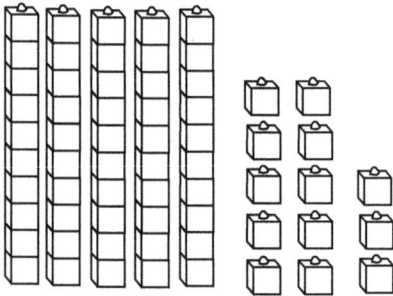

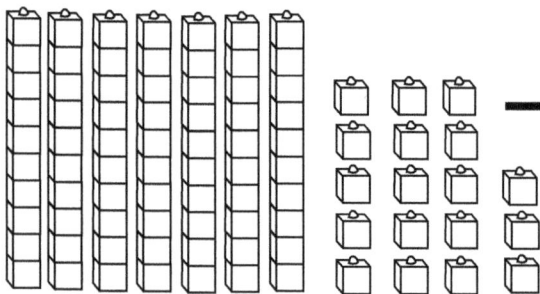

___ dizaines ___ unités

regroupe

___ dizaines ___ unités

___ dizaines ___ unités

regroupe

___ dizaines ___ unités

___ dizaines ___ unités

Exercice : regrouper les unités en dizaines (suite)

Compte et regroupe les unités en dizaines.

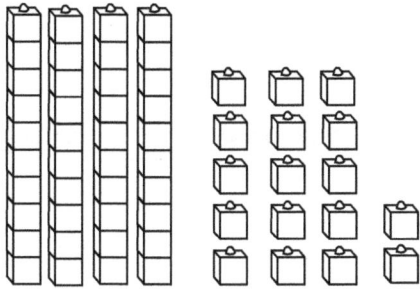

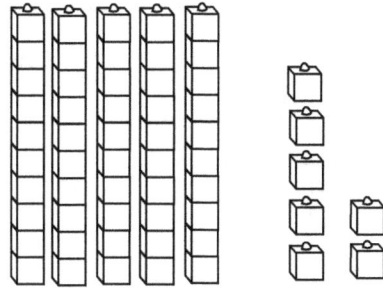

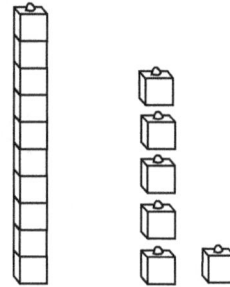

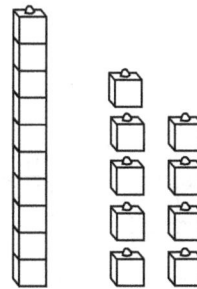

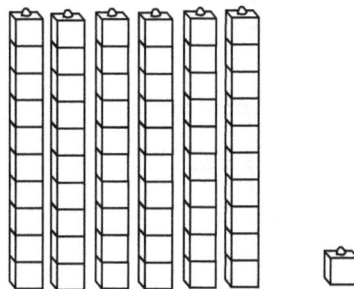

___ dizaines ___ unités

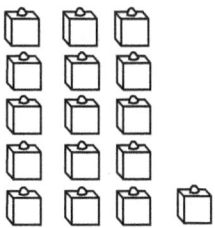

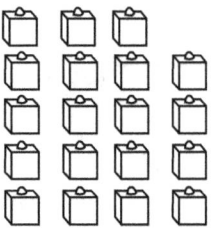

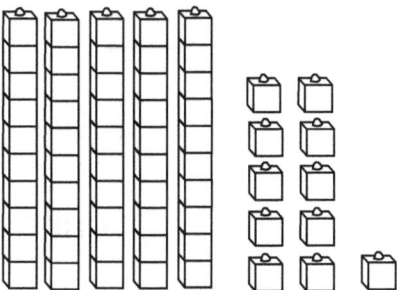

regroupe →

___ dizaines ___ unités

___ dizaines ___ unités

regroupe →

___ dizaines ___ unités

___ dizaines ___ unités

regroupe →

___ dizaines ___ unités

___ dizaines ___ unités

regroupe →

___ dizaines ___ unités

Additionner des dizaines et des unités

Utilise les dizaines et des unités pour additionner.

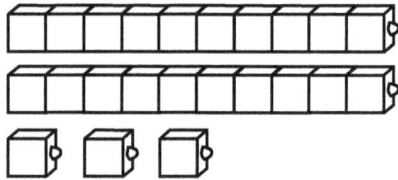 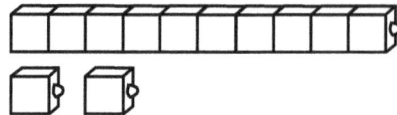
___ dizaines ___ unités

23   +   12   =   _____

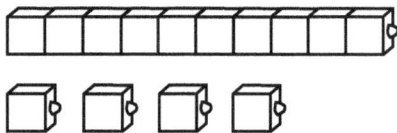 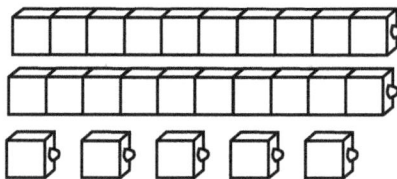
___ dizaines ___ unités

14   +   25   =   _____

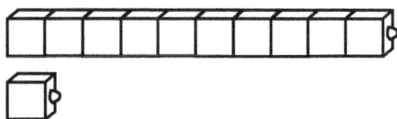 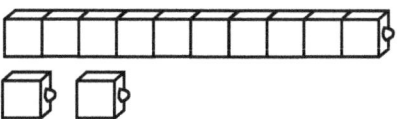
___ dizaines ___ unités

11   +   12   =   _____

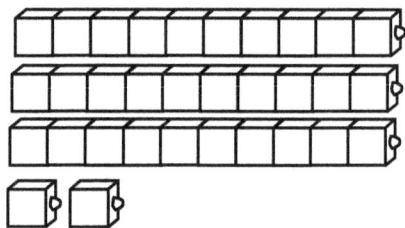 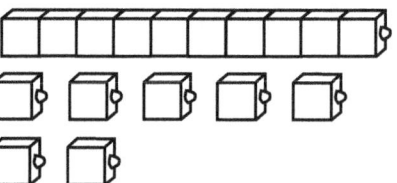
___ dizaines ___ unités

32   +   17   =   _____

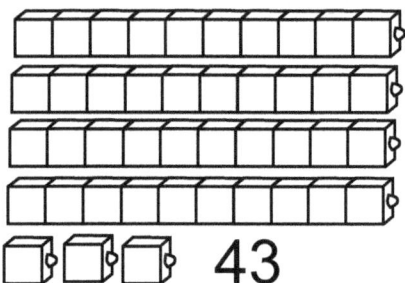 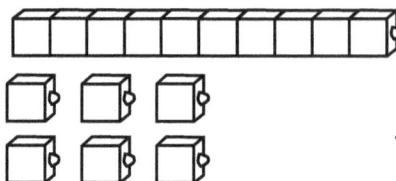
___ dizaines ___ unités

43   +   16   =   _____

Additionner des dizaines et des unités (suite)

Utilise les dizaines et des unités pour additionner.

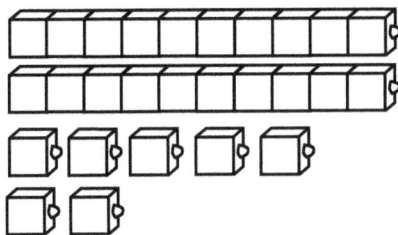 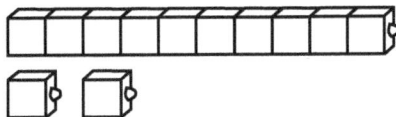

___ dizaines ___ unités

27 + 12 = _____

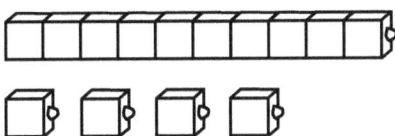 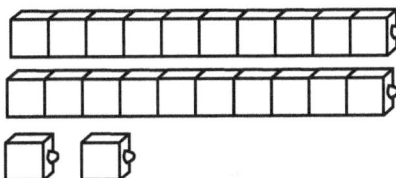

___ dizaines ___ unités

14 + 22 = _____

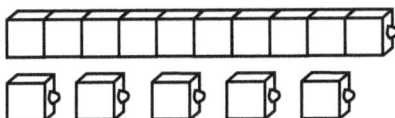 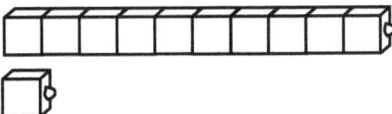

___ dizaines ___ unités

15 + 11 = _____

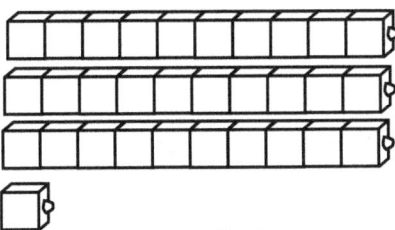 

___ dizaines ___ unités

31 + 10 = _____

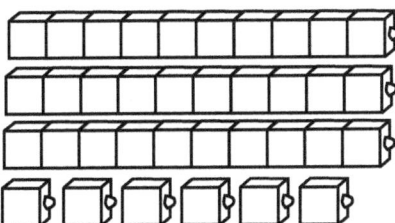 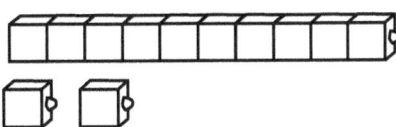

___ dizaines ___ unités

36 + 12 = _____

Isoler par dizaine pour additionner

$9 + 5 = \boxed{9 + 1} + \boxed{4} = \underline{10} + \underline{4} = \underline{14}$ $38 + 5 = \boxed{38 + 2} + \boxed{3} = \underline{40} + \underline{3} = \underline{43}$

$9 + 1 = 10$ Il reste 4. $38 + 2 = 40$ Il reste 3.

Utilise des dizaines pour additionner.

a) $8 + 7 =$ ___ + ___ + ___ = ___ + ___ = ____

b) $25 + 9 =$ ___ + ___ + ___ = ___ + ___ = ____

Utilise des dizaines pour additionner. Laisse les traces de ta démarche.

a) $34 + 7 =$ b) $49 + 4 =$

c) $73 + 8 =$ d) $59 + 5 =$

e) $48 + 8 =$ f) $65 + 7 =$

Isoler par dizaine pour additionner (suite)

Utilise des dizaines pour additionner. Laisse des traces de ta démarche.

a) $16 + 8 =$

b) $37 + 9 =$

c) $63 + 9 =$

d) $37 + 8 =$

e) $44 + 7 =$

f) $55 + 7 =$

g) $62 + 9 =$

h) $77 + 7 =$

i) $17 + 6 =$

j) $53 + 9 =$

Addition à 2 chiffres sans regroupement

Aligne les unités ensemble et les dizaines ensemble.

Premièrement, additionne les unités ensemble.

dizaines	unités
2	3
+ 4	5
	8

Ensuite, additionne les dizaines ensemble.

dizaines	unités
2	3
+ 4	5
6	8

Utilise un tableau pour diviser les dizaines et les unités. Surligne en jaune la colonne des unités et en orange la colonne des dizaines.

dizaines | unités

$$
\begin{array}{r|l}
5 & 4 \\
+\ 3 & 1 \\
\hline
\end{array}
\qquad
\begin{array}{r|l}
2 & 2 \\
+\ 1 & 5 \\
\hline
\end{array}
\qquad
\begin{array}{r|l}
7 & 1 \\
+\ 2 & 7 \\
\hline
\end{array}
\qquad
\begin{array}{r|l}
3 & 5 \\
+\ 6 & 2 \\
\hline
\end{array}
\qquad
\begin{array}{r|l}
4 & 4 \\
+\ 3 & 0 \\
\hline
\end{array}
$$

$$
\begin{array}{r|l}
1 & 2 \\
+\ 5 & 0 \\
\hline
\end{array}
\qquad
\begin{array}{r|l}
7 & 6 \\
+\ 1 & 2 \\
\hline
\end{array}
\qquad
\begin{array}{r|l}
6 & 2 \\
+\ 2 & 3 \\
\hline
\end{array}
\qquad
\begin{array}{r|l}
8 & 4 \\
+\ 1 & 1 \\
\hline
\end{array}
\qquad
\begin{array}{r|l}
3 & 3 \\
+\ 1 & 3 \\
\hline
\end{array}
$$

$$
\begin{array}{r|l}
5 & 4 \\
+\ 3 & 3 \\
\hline
\end{array}
\qquad
\begin{array}{r|l}
3 & 1 \\
+\ 2 & 6 \\
\hline
\end{array}
\qquad
\begin{array}{r|l}
5 & 3 \\
+\ 1 & 1 \\
\hline
\end{array}
\qquad
\begin{array}{r|l}
6 & 2 \\
+\ 3 & 7 \\
\hline
\end{array}
\qquad
\begin{array}{r|l}
1 & 4 \\
+\ 3 & 0 \\
\hline
\end{array}
$$

$$
\begin{array}{r|l}
8 & 2 \\
+\ 1 & 5 \\
\hline
\end{array}
\qquad
\begin{array}{r|l}
1 & 2 \\
+\ 4 & 0 \\
\hline
\end{array}
\qquad
\begin{array}{r|l}
3 & 4 \\
+\ 1 & 4 \\
\hline
\end{array}
\qquad
\begin{array}{r|l}
2 & 0 \\
+\ 1 & 3 \\
\hline
\end{array}
\qquad
\begin{array}{r|l}
5 & 2 \\
+\ 4 & 3 \\
\hline
\end{array}
$$

Addition à 2 chiffres sans regroupement (suite)

Utilise un tableau pour diviser les dizaines et les unités. Surligne en jaune la colonne des unités et en orange la colonne des dizaines.

dizaines   unités

8	3
+ 1	4

1	3
+ 4	3

3	6
+ 1	3

2	1
+ 3	2

5	3
+ 4	6

5	5
+ 3	0

2	3
+ 2	5

7	2
+ 2	6

1	6
+ 6	0

4	5
+ 3	2

1	3
+ 5	0

7	7
+ 1	1

6	3
+ 1	3

8	5
+ 1	4

3	4
+ 1	5

5	1
+ 2	1

3	2
+ 2	2

5	4
+ 1	2

4	3
+ 3	6

1	5
+ 3	3

7	2
+ 2	5

2	4
+ 3	2

4	6
+ 1	2

1	1
+ 5	5

8	2
+ 1	6

Addition à 2 chiffres sans regroupement (suite)

Utilise un tableau pour diviser les dizaines et les unités. Surligne en jaune la colonne des unités et en orange la colonne des dizaines.

dizaines   unités

2	5
+ 1	4

4	4
+ 4	1

7	2
+ 1	7

1	6
+ 3	0

4	7
+ 5	0

3	0
+ 3	1

1	2
+ 4	3

5	5
+ 3	2

1	2
+ 5	4

3	2
+ 4	6

6	3
+ 2	4

2	4
+ 3	4

4	5
+ 4	3

7	1
+ 2	2

1	2
+ 8	3

1	4
+ 7	4

4	6
+ 5	3

1	5
+ 4	2

2	1
+ 6	6

7	3
+ 1	2

8	3
+ 1	2

1	3
+ 4	5

3	5
+ 1	3

2	1
+ 3	8

5	3
+ 4	5

Addition à 2 chiffres sans regroupement (suite)

Utilise un tableau pour diviser les dizaines et les unités. Surligne en jaune la colonne des unités et en orange la colonne des dizaines.

dizaines   unités

```
  9 5        3 2        5 5        6 1        2 2
+   3      + 3 6      + 1 4      + 2 3      +   4
-----      -----      -----      -----      -----
```

```
  4 8        3 3        2 1        2 2        4 2
+ 3 1      + 4 5      + 7 0      + 5 4      + 4 6
-----      -----      -----      -----      -----
```

```
  1 7        8 2        3 7        5 0        4 5
+ 5 2      + 1 3      + 3 0      + 2 9      + 1 3
-----      -----      -----      -----      -----
```

```
  7 6        5 5        3 3        2 1        7 0
+ 2 1      + 2 3      + 4 2      + 6 7      +   5
-----      -----      -----      -----      -----
```

```
  5 2        1 3        6 4        3 1        2 4
+ 4 7      + 2 3      + 3 4      + 1 1      + 2 5
-----      -----      -----      -----      -----
```

Qu'est-ce qui peut faire le tour du monde en restant dans son coin?

$$\underline{}\ \underline{}\ \Big|\ \underline{}\ \underline{}\ \underline{}\ \underline{}\ \underline{}\ \underline{}$$

50 79 | 33 77 88 48 97 61

A	B	E	F	G	H
12 + 53	27 + 21	20 + 41	31 + 36	53 + 32	11 + 41

I	L	M	N	O	P
51 + 26	42 + 34	74 + 14	36 + 43	41 + 22	22 + 51

Q	R	S	T	U	V
20 + 60	77 + 20	56 + 43	12 + 21	20 + 30	12 + 45

Y	Z
22 + 32	31 + 44

Attention!

Certaines lettres ne sont pas utilisées dans la charade!

Addition à 2 chiffres avec regroupement

Aligne les unités ensemble et les dizaines ensemble.

Additionne les unités.

S'il y a plus que 9 unités, échange 10 unités pour 1 dizaine.

Regroupe dans la colonne des dizaines.

Écris les unités. Puis, écris les dizaines.

dizaines	unités
1	
2	6
+ 2	6
5	2

Échange 10 unités de 12 pour 1 dizaine.

Regroupe en écrivant 1 dans la colonne des dizaines.

Utilise un tableau pour diviser les dizaines et les unités. Surligne en jaune la colonne des unités et en orange la colonne des dizaines.

dizaines   unités

```
  6 4        2 2        4 5        3 9        4 9
+ 1 8      + 1 9      + 2 7      + 2 2      + 3 8
_____      _____      _____      _____      _____


  1 2        7 6        6 4        2 9        3 6
+ 5 8      + 1 4      + 1 7      + 3 3      + 3 6
_____      _____      _____      _____      _____


  5 4        3 5        2 5        6 2        1 7
+ 1 7      + 2 6      + 2 5      + 1 8      + 2 7
_____      _____      _____      _____      _____
```

Addition à 2 chiffres avec regroupement (suite)

Utilise un tableau pour diviser les dizaines et les unités. Surligne en jaune la colonne des unités et en orange la colonne des dizaines.

dizaines   unités

1	7
+ 5	5

7	8
+ 1	9

6	4
+ 1	6

5	7
+ 1	4

3	5
+ 1	9

5	6
+ 3	8

2	4
+ 2	6

4	3
+ 2	9

2	7
+ 6	6

4	8
+ 3	8

4	7
+ 1	9

1	7
+ 4	8

3	4
+ 1	9

3	9
+ 3	1

5	5
+ 2	6

5	9
+ 2	3

3	9
+ 2	8

5	7
+ 1	6

6	4
+ 2	7

1	6
+ 3	8

7	4
+ 1	8

5	7
+ 2	9

6	2
+ 2	8

1	9
+ 3	9

2	9
+ 3	6

Addition à 2 chiffres avec regroupement (suite)

Utilise un tableau pour diviser les dizaines et les unités. Surligne en jaune la colonne des unités et en orange la colonne des dizaines.

dizaines   unités

5	8
+ 2	4

4	4
+ 3	9

2	2
+ 3	8

3	6
+ 4	7

4	7
+ 3	9

3	9
+ 3	4

1	2
+ 4	9

5	5
+ 3	8

1	8
+ 5	4

3	8
+ 3	8

6	3
+ 2	8

2	7
+ 1	4

4	5
+ 4	6

6	5
+ 2	7

1	9
+ 1	9

1	9
+ 7	8

4	6
+ 3	8

2	9
+ 4	5

2	6
+ 6	6

7	6
+ 1	7

1	8
+ 1	4

1	7
+ 4	3

3	5
+ 1	9

2	7
+ 2	7

2	8
+ 4	5

Addition à 2 chiffres avec regroupement (suite)

Utilise un tableau pour diviser les dizaines et les unités. Surligne en jaune la colonne des unités et en orange la colonne des dizaines.

dizaines   unités

7	5
+	9

3	2
+ 3	8

5	5
+ 1	7

6	1
+ 2	9

2	2
+	8

4	8
+ 3	8

3	8
+ 4	5

2	9
+ 6	9

2	9
+ 5	4

4	6
+ 4	6

1	7
+ 5	7

1	3
+ 7	9

3	7
+ 3	6

5	8
+ 2	9

4	5
+ 1	7

2	6
+ 2	8

5	5
+ 3	9

3	5
+ 3	5

2	7
+ 6	7

7	6
+	5

3	7
+ 4	3

1	9
+ 2	3

5	4
+ 3	8

3	8
+ 1	9

2	4
+ 2	7

Quel est le dessert préféré des araignées?

___ ___   ___ ___ ___ ___ ___ ___   ___ ___
57 40   94 93 47 41 52 62   40 47

___ ___ ___ ___ ___ ___ ___ ___
41 52 93 41 93 57 40 70

A 17 + 23	**B** 36 + 55	**C** 22 + 19	**D** 37 + 36	**E** 29 + 33	**F** 26 + 39
G 44 + 19	**H** 29 + 23	**I** 38 + 28	**J** 29 + 49	**K** 59 + 12	**L** 29 + 28
M 67 + 27	**O** 48 + 45	**P** 29 + 14	**R** 26 + 35	**S** 27 + 19	**T** 35 + 35
U 18 + 29	**V** 57 + 27				

Attention!
Certaines lettres ne sont pas utilisées dans la charade!

Qu'est-ce qui est jaune et qui court vite?

$$\overline{}\ \overline{}\ \Big|\ \overline{}\ \overline{}\ \overline{}\ \overline{}\ \overline{}\ \overline{}\ \Big|\ \overline{}\ \overline{}\ \overline{}\ \overline{}\ \overline{}\ \overline{}$$

91 63 | 50 81 51 80 73 63 | 84 80 36 55 55 92

A $\begin{array}{r}14\\+\ 28\\\hline\end{array}$	B $\begin{array}{r}13\\+\ 49\\\hline\end{array}$	C $\begin{array}{r}39\\+\ 11\\\hline\end{array}$	D $\begin{array}{r}38\\+\ \ 8\\\hline\end{array}$	E $\begin{array}{r}19\\+\ 17\\\hline\end{array}$	G $\begin{array}{r}28\\+\ 32\\\hline\end{array}$
H $\begin{array}{r}66\\+\ \ 9\\\hline\end{array}$	I $\begin{array}{r}63\\+\ 18\\\hline\end{array}$	J $\begin{array}{r}54\\+\ \ 7\\\hline\end{array}$	K $\begin{array}{r}36\\+\ 58\\\hline\end{array}$	L $\begin{array}{r}48\\+\ \ 9\\\hline\end{array}$	M $\begin{array}{r}59\\+\ 19\\\hline\end{array}$
N $\begin{array}{r}57\\+\ \ 6\\\hline\end{array}$	O $\begin{array}{r}24\\+\ 49\\\hline\end{array}$	P $\begin{array}{r}57\\+\ 27\\\hline\end{array}$	R $\begin{array}{r}34\\+\ 46\\\hline\end{array}$	S $\begin{array}{r}28\\+\ 27\\\hline\end{array}$	T $\begin{array}{r}16\\+\ 35\\\hline\end{array}$
U $\begin{array}{r}49\\+\ 42\\\hline\end{array}$	V $\begin{array}{r}35\\+\ 35\\\hline\end{array}$	É $\begin{array}{r}66\\+\ 26\\\hline\end{array}$	X $\begin{array}{r}19\\+\ 76\\\hline\end{array}$	Y $\begin{array}{r}77\\+\ 13\\\hline\end{array}$	Z $\begin{array}{r}24\\+\ 47\\\hline\end{array}$

Attention! Certaines lettres ne sont pas utilisées dans la charade!

Charade mathématique : addition à 2 chiffres avec regroupement

Que dit un citron policier à un voleur?

$$\overline{}\ \overline{}\ \overline{}\ \overline{}\ \Big|\ \overline{}\ \overline{}\ \Big|\ \overline{}\ \overline{}\ \overline{}\ \overline{}\ \overline{}$$

94 52 73 55 | 73 41 | 95 70 55 61 70

A	B	C	D	E	F
$\begin{array}{r}19\\+\ \ 1\\\hline\end{array}$	$\begin{array}{r}63\\+29\\\hline\end{array}$	$\begin{array}{r}29\\+\ \ 9\\\hline\end{array}$	$\begin{array}{r}74\\+19\\\hline\end{array}$	$\begin{array}{r}45\\+25\\\hline\end{array}$	$\begin{array}{r}69\\+18\\\hline\end{array}$
G	**H**	**I**	**J**	**K**	**L**
$\begin{array}{r}58\\+25\\\hline\end{array}$	$\begin{array}{r}57\\+14\\\hline\end{array}$	$\begin{array}{r}45\\+36\\\hline\end{array}$	$\begin{array}{r}78\\+\ \ 8\\\hline\end{array}$	$\begin{array}{r}34\\+26\\\hline\end{array}$	$\begin{array}{r}26\\+26\\\hline\end{array}$
M	**N**	**O**	**P**	**Z**	**R**
$\begin{array}{r}43\\+\ \ 7\\\hline\end{array}$	$\begin{array}{r}28\\+13\\\hline\end{array}$	$\begin{array}{r}35\\+\ \ 7\\\hline\end{array}$	$\begin{array}{r}47\\+47\\\hline\end{array}$	$\begin{array}{r}86\\+\ \ 9\\\hline\end{array}$	$\begin{array}{r}35\\+39\\\hline\end{array}$
S	**T**	**U**	**V**	**W**	**Y**
$\begin{array}{r}39\\+16\\\hline\end{array}$	$\begin{array}{r}52\\+\ \ 9\\\hline\end{array}$	$\begin{array}{r}66\\+\ \ 7\\\hline\end{array}$	$\begin{array}{r}17\\+18\\\hline\end{array}$	$\begin{array}{r}58\\+32\\\hline\end{array}$	$\begin{array}{r}67\\+17\\\hline\end{array}$

Attention! Certaines lettres ne sont pas utilisées dans la charade!

Addition à 3 chiffres sans regroupement

Aligne les unités, les dizaines et les centaines.	Additionne les unités.	Ensuite, additionne les dizaines.	Puis, additionne les centaines.
	centaines dizaines | unités	centaines | dizaines | unités	centaines | dizaines | unités
	2 2 | 3	2 | 2 | 3	2 | 2 | 3
	+ 3 4 | 5	+ 3 | 4 | 5	+ 3 | 4 | 5
	| 8	| 6 | 8	5 | 6 | 8

Utilise un tableau de centaines, dizaines et unités pour additionner. Surligne en jaune la colonne des unités, en orange la colonne des dizaines et en vert la colonne des centaines.

```
   4 5 4          1 2 2          3 7 1          1 3 5
 + 2 3 1        + 5 1 5        + 3 2 7        + 7 6 2
 _____       _____       _____       _____

 _____       _____       _____       _____


   4 1 2          7 2 3          4 6 2          2 8 4
 + 5 5 0        + 2 2 5        + 2 2 3        + 3 1 1
 _____       _____       _____       _____

 _____       _____       _____       _____


   1 5 4          2 3 1          5 5 3          7 6 2
 + 8 3 3        + 4 2 6        + 3 1 1        + 1 3 7
 _____       _____       _____       _____

 _____       _____       _____       _____
```

Addition à 3 chiffres sans regroupement (suite)

Utilise un tableau de centaines, dizaines et unités pour additionner. Surligne en jaune la colonne des unités, en orange la colonne des dizaines et en vert la colonne des centaines.

	1	3	3
+		1	4

	6	5	5
+	1	3	0

	2	1	3
+	5	0	0

	1	5	5
+	3	2	3

	3	1	4
+		4	3

	7	2	3
+	2	0	5

	3	7	7
+	1	1	1

	4	3	2
+	4	2	2

	2	3	5
+	1	1	3

	4	7	2
+	1	2	6

	2	6	3
+	7	1	3

	2	5	4
+	3	1	2

	4	2	1
+	3	3	2

	1	1	6
+	2	6	0

	5	8	5
+	4	1	4

	5	4	3
+	4	3	6

Comment appelle-t-on un yogourt qui court dans la forêt?

$\underline{\quad}$ $\underline{\quad}$ | $\underline{\quad}$ $\underline{\quad}$ $\underline{\quad}$ $\underline{\quad}$ $\underline{\quad}$ $\underline{\quad}$ $\underline{\quad}$ |

243 697 | 536 538 779 538 243 464 669 |

$\underline{\quad}$ $\underline{\quad}$ $\underline{\quad}$ $\underline{\quad}$ $\underline{\quad}$ $\underline{\quad}$

697 358 669 243 464 359

A	B	C	D	E	G
121 + 237	123 + 346	134 + 432	212 + 125	246 + 113	255 + 524
H	**I**	**J**	**K**	**L**	**M**
152 + 37	313 + 154	266 + 112	155 + 341	171 + 528	284 + 215
N	**O**	**P**	**Q**	**R**	**S**
516 + 181	321 + 217	524 + 432	435 + 204	112 + 352	443 + 143
T	**U**	**V**	**W**	**X**	**Y**
253 + 416	142 + 101	564 + 223	305 + 12	171 + 321	416 + 120

Attention! Certaines lettres ne sont pas utilisées dans la charade!

Addition à 3 chiffres avec regroupement

Aligne les unités, les dizaines et les centaines.

Additionne les unités.

Puis, additionne les dizaines.

S'il y a plus que 9 dizaines, échange 10 dizaines pour 1 centaine. Regroupe celle-ci dans la colonne des centaines.

Écris les dizaines.

Additionne les centaines.

centaines	dizaines	unités
^{1}3	3	6
+ 2	9	3
6	2	9

Échange 10 dizaines de 120 pour 1 centaine. Regroupe en écrivant 1 dans la colonne des centaines.

Utilise un tableau de centaines, dizaines et unités pour additionner. Surligne en jaune la colonne des unités, en orange la colonne des dizaines et en vert la colonne des centaines.

	5	6	4
+	2	5	5

	2	2	2
+	4	9	1

	1	7	5
+	2	1	6

	4	3	9
+	2	9	0

	2	1	2
+	1	9	5

	3	7	6
+	4	4	1

	5	6	4
+	2	7	1

	4	2	9
+	1	8	0

Addition à 3 chiffres avec regroupement (suite)

Utilise un tableau de centaines, dizaines et unités pour additionner.
Indice : s'il y a plus de 9 unités, échange 10 unités pour 1 dizaines.
Regroupe dans la colonne des dizaine.

	1	
2	3	9
+ 4	1	2
6	**5**	**1**

3	7	8
+ 3	1	9

4	6	4
+ 2	1	6

6	5	7
+ 1	5	4

2	3	6
+ 3	9	8

8	2	4
+	8	6

5	8	3
+ 2	8	9

7	7	7
+ 1	6	4

Additionne. Regroupe dans la colonne des dizaines et des centaines.

1	1	
3	7	9
+	2	3
4	**0**	**2**

2	8	7
+ 1	2	8

4	5	7
+ 1	6	6

5	6	4
+ 2	5	7

Quel est le pain préféré des magiciens?

___ ___ | ___ ___ ___ ___ ___ ___ ___ ___
367 364 | 449 364 563 569 576 583 583 576

A	B	C	D	E	F
119 + 245	180 + 269	258 + 380	173 + 327	458 + 118	397 + 352
G	**H**	**I**	**J**	**K**	**L**
249 + 314	296 + 292	382 + 221	402 + 168	415 + 246	138 + 229
M	**N**	**O**	**P**	**Q**	**R**
385 + 161	138 + 105	284 + 275	192 + 136	463 + 244	337 + 255
S	**T**	**U**	**V**	**W**	**Y**
208 + 342	144 + 439	272 + 297	339 + 333	216 + 347	115 + 316

Attention! Certaines lettres ne sont pas utilisées dans la charade!

Je ne fais pas de bruit mais je réveille tout le monde. Qui suis-je?

___ ___ | ___ ___ ___ ___ ___ ___
717 856 | 957 791 717 856 693 717

A	B	C	D	E	F
193 + 222	184 + 130	451 + 373	664 + 264	272 + 584	465 + 193
G	**H**	**I**	**J**	**K**	**L**
386 + 305	223 + 295	507 + 186	184 + 271	328 + 317	535 + 182
M	**N**	**O**	**P**	**R**	**S**
676 + 118	289 + 208	367 + 424	250 + 269	148 + 170	629 + 328
T	**U**	**V**	**W**	**Y**	**Z**
561 + 167	770 + 177	182 + 409	441 + 396	333 + 281	412 + 295

Attention! Certaines lettres ne sont pas utilisées dans la charade!

Qu'est-ce qui peut sauter alors qu'il n'a ni pied, ni jambe?

___ ___ | ___ ___ ___ ___ ___ ___ ___
956 726 | 460 520 460 558 520 657 726

A 153 + 554	B 167 + 575	C 277 + 281	D 366 + 152	E 788 + 164	F 419 + 378
G 124 + 296	H 194 + 572	I 259 + 613	J 170 + 555	K 247 + 249	L 181 + 88
M 517 + 47	N 155 + 571	O 125 + 395	P 343 + 117	Q 468 + 258	R 182 + 475
S 291 + 182	T 357 + 361	U 496 + 460	V 515 + 38	W 179 + 617	X 564 + 353

Attention! Certaines lettres ne sont pas utilisées dans la charade!

Mini-test 1- Les sommes de 0 à 10

6 + 3	8 + 2	2 + 4	3 + 6	4 + 3	5 + 1	1 + 2
7 + 2	10 + 0	4 + 1	2 + 7	5 + 2	4 + 5	2 + 6
3 + 3	1 + 9	5 + 5	4 + 6	5 + 4	4 + 4	

Nombre de bonnes réponses

___
20

Mini-test 2- Les sommes de 0 à 10

2 + 2	2 + 7	3 + 3	1 + 6	3 + 4	2 + 8	4 + 5
0 + 1	5 + 5	2 + 3	4 + 4	3 + 6	4 + 0	6 + 3
1 + 9	4 + 3	6 + 2	8 + 1	5 + 3	7 + 3	

Nombre de bonnes réponses

___
20

Mini-test 3- Les sommes de 0 à 10

3	2	0	3	7	5	4
+ 3	+ 6	+ 9	+ 4	+ 3	+ 1	+ 6

5	1	8	5	6	0	7
+ 5	+ 9	+ 1	+ 3	+ 3	+ 5	+ 2

8	1	4	4	3	3
+ 2	+ 7	+ 4	+ 3	+ 1	+ 7

Nombre de bonnes réponses

———
20

Mini-test 4- Les sommes de 0 à 10

3	2	10	1	4	7	4
+ 5	+ 1	+ 0	+ 8	+ 5	+ 1	+ 4

3	0	2	2	4	4	9
+ 2	+ 9	+ 4	+ 2	+ 6	+ 3	+ 1

3	2	6	1	5	7
+ 7	+ 5	+ 3	+ 4	+ 5	+ 2

Nombre de bonnes réponses

———
20

Mini-test 5- Les sommes de 0 à 10

6	8	2	3	4	5	3
+ 3	+ 1	+ 3	+ 6	+ 0	+ 1	+ 2

1	5	4	1	5	4	2
+ 2	+ 0	+ 1	+ 7	+ 2	+ 6	+ 6

4	1	0	2	5	2
+ 3	+ 9	+ 5	+ 6	+ 4	+ 4

Nombre
de bonnes
réponses

——
20

Mini-test 6- Les sommes de 0 à 10

2	2	0	4	3	2	4
+ 2	+ 6	+ 8	+ 1	+ 0	+ 5	+ 3

3	7	6	0	3	4	5
+ 4	+ 2	+ 3	+ 6	+ 6	+ 0	+ 3

1	5	4	8	3	2
+ 9	+ 5	+ 4	+ 2	+ 3	+ 1

Nombre
de bonnes
réponses

——
20

Mini-test 7- Les sommes de 0 à 10

$$6 + 3 \qquad 1 + 5 \qquad 9 + 0 \qquad 3 + 4 \qquad 5 + 4 \qquad 5 + 1 \qquad 4 + 4$$

$$2 + 0 \qquad 1 + 9 \qquad 3 + 3 \qquad 2 + 2 \qquad 7 + 3 \qquad 0 + 3 \qquad 1 + 8$$

$$6 + 2 \qquad 8 + 2 \qquad 5 + 3 \qquad 3 + 2 \qquad 2 + 1 \qquad 4 + 5$$

Nombre de bonnes réponses

———
20

Mini-test 8- Les sommes de 0 à 10

$$3 + 5 \qquad 4 + 6 \qquad 5 + 5 \qquad 2 + 6 \qquad 1 + 4 \qquad 2 + 1 \qquad 4 + 4$$

$$9 + 1 \qquad 0 + 8 \qquad 6 + 3 \qquad 3 + 3 \qquad 2 + 2 \qquad 8 + 2 \qquad 3 + 2$$

$$3 + 7 \qquad 5 + 2 \qquad 4 + 5 \qquad 1 + 2 \qquad 5 + 4 \qquad 7 + 2$$

Nombre de bonnes réponses

———
20

Mini-test 9- Les sommes de 0 à 10

2	2	8	3	4	5	3
+ 7	+ 5	+ 0	+ 4	+ 2	+ 5	+ 3

2	4	6	7	6	1	8
+ 8	+ 4	+ 2	+ 3	+ 3	+ 1	+ 2

3	0	5	3	4	4	
+ 2	+ 6	+ 4	+ 5	+ 0	+ 6	

Nombre
de bonnes
réponses

———
20

Mini-test 8- Les sommes de 0 à 10

5	4	4	2	3	4	1
+ 3	+ 1	+ 5	+ 7	+ 6	+ 4	+ 0

0	1	7	3	2	8	3
+ 9	+ 8	+ 2	+ 4	+ 5	+ 2	+ 3

4	5	3	9	8	7	
+ 3	+ 2	+ 7	+ 1	+ 1	+ 3	

Nombre
de bonnes
réponses

———
20

Mini-test 1- Les sommes de 11 à 20

$$13 + 2 \qquad 7 + 7 \qquad 3 + 10 \qquad 7 + 8 \qquad 8 + 6 \qquad 6 + 5 \qquad 5 + 9$$

$$7 + 5 \qquad 8 + 9 \qquad 9 + 3 \qquad 6 + 9 \qquad 17 + 1 \qquad 10 + 6 \qquad 9 + 10$$

$$10 + 8 \qquad 18 + 2 \qquad 8 + 4 \qquad 5 + 8 \qquad 6 + 6 \qquad 9 + 7$$

Nombre
de bonnes
réponses

_____
20

Mini-test 2- Les sommes de 11 à 20

$$11 + 5 \qquad 12 + 6 \qquad 10 + 4 \qquad 3 + 9 \qquad 9 + 9 \qquad 6 + 7 \qquad 8 + 5$$

$$14 + 2 \qquad 5 + 9 \qquad 8 + 9 \qquad 13 + 5 \qquad 11 + 9 \qquad 8 + 8 \qquad 9 + 4$$

$$10 + 8 \qquad 17 + 3 \qquad 12 + 3 \qquad 5 + 8 \qquad 6 + 6 \qquad 8 + 6$$

Nombre
de bonnes
réponses

_____
20

Mini-test 3- Les sommes de 11 à 20

13 + 6	9 + 3	10 + 4	12 + 8	6 + 6	12 + 3	7 + 6
15 + 5	11 + 2	16 + 1	9 + 9	9 + 5	10 + 5	17 + 2
8 + 9	9 + 7	6 + 5	9 + 6	14 + 6	8 + 8	

Nombre
de bonnes
réponses

————
20

Mini-test 4- Les sommes de 11 à 20

6 + 6	5 + 6	9 + 8	10 + 3	4 + 15	9 + 9	7 + 4
16 + 2	8 + 10	5 + 9	14 + 6	8 + 4	7 + 10	7 + 7
12 + 4	13 + 7	15 + 5	7 + 9	9 + 6	15 + 2	

Nombre
de bonnes
réponses

————
20

Mini-test 5- Les sommes de 11 à 20

11	8	4	10	9	6	8
+ 9	+ 7	+ 9	+ 8	+ 6	+ 5	+ 6

5	11	16	9	6	10	17
+ 15	+ 2	+ 4	+ 9	+ 7	+ 5	+ 2

18	5	10	7	13	7	
+ 2	+ 7	+ 4	+ 8	+ 2	+ 7	

Nombre
de bonnes
réponses

_____
20

Mini-test 6- Les sommes de 11 à 20

6	13	16	10	14	19	9
+ 6	+ 7	+ 2	+ 3	+ 5	+ 1	+ 2

13	9	6	7	8	6	9
+ 2	+ 10	+ 9	+ 5	+ 8	+ 10	+ 9

16	11	8	7	10	10	
+ 4	+ 3	+ 5	+ 4	+ 9	+ 2	

Nombre
de bonnes
réponses

_____
20

Mini-test 7- Les sommes de 11 à 20

$$2 + 9 \qquad 8 + 7 \qquad 17 + 2 \qquad 10 + 8 \qquad 9 + 6 \qquad 6 + 5 \qquad 15 + 3$$

$$5 + 8 \qquad 11 + 9 \qquad 16 + 1 \qquad 9 + 9 \qquad 6 + 7 \qquad 10 + 5 \qquad 4 + 8$$

$$8 + 8 \qquad 5 + 7 \qquad 10 + 4 \qquad 7 + 8 \qquad 13 + 7 \qquad 7 + 7$$

Nombre
de bonnes
réponses

$$\overline{20}$$

Mini-test 8- Les sommes de 11 à 20

$$11 + 5 \qquad 6 + 8 \qquad 9 + 2 \qquad 17 + 3 \qquad 14 + 5 \qquad 9 + 7 \qquad 13 + 6$$

$$10 + 2 \qquad 6 + 6 \qquad 8 + 9 \qquad 4 + 10 \qquad 4 + 8 \qquad 7 + 10 \qquad 4 + 7$$

$$13 + 4 \qquad 12 + 8 \qquad 3 + 9 \qquad 7 + 9 \qquad 8 + 3 \qquad 15 + 2$$

Nombre
de bonnes
réponses

$$\overline{20}$$

Mini-test 9- Les sommes de 11 à 20

2	8	19	10	4	6	5
+ 10	+ 8	+ 1	+ 5	+ 8	+ 5	+ 7

5	11	16	9	4	9	17
+ 15	+ 2	+ 1	+ 2	+ 7	+ 5	+ 2

3	9	10	16	13	8
+ 9	+ 6	+ 8	+ 4	+ 2	+ 5

Nombre
de bonnes
réponses

_____
20

Mini-test 10- Les sommes de 11 à 20

7	15	12	20	4	8	14
+ 6	+ 5	+ 8	+ 0	+ 7	+ 6	+ 2

13	6	9	12	8	7	11
+ 5	+ 10	+ 9	+ 4	+ 3	+ 7	+ 7

14	10	8	9	6	15
+ 4	+ 1	+ 5	+ 7	+ 6	+ 4

Nombre
de bonnes
réponses

_____
20

Mini-test 1- Additions à 2 chiffres sans regroupement

$$
\begin{array}{r} 61 \\ + 24 \\ \hline \end{array}
\qquad
\begin{array}{r} 72 \\ + 15 \\ \hline \end{array}
\qquad
\begin{array}{r} 40 \\ + 59 \\ \hline \end{array}
\qquad
\begin{array}{r} 63 \\ + 24 \\ \hline \end{array}
\qquad
\begin{array}{r} 84 \\ + 13 \\ \hline \end{array}
\qquad
\begin{array}{r} 55 \\ + 21 \\ \hline \end{array}
\qquad
\begin{array}{r} 30 \\ + 42 \\ \hline \end{array}
$$

$$
\begin{array}{r} 14 \\ + 61 \\ \hline \end{array}
\qquad
\begin{array}{r} 16 \\ + 73 \\ \hline \end{array}
\qquad
\begin{array}{r} 42 \\ + 44 \\ \hline \end{array}
\qquad
\begin{array}{r} 34 \\ + 23 \\ \hline \end{array}
\qquad
\begin{array}{r} 20 \\ + 60 \\ \hline \end{array}
\qquad
\begin{array}{r} 40 \\ + 42 \\ \hline \end{array}
\qquad
\begin{array}{r} 33 \\ + 56 \\ \hline \end{array}
$$

$$
\begin{array}{r} 75 \\ + 24 \\ \hline \end{array}
\qquad
\begin{array}{r} 16 \\ + 82 \\ \hline \end{array}
\qquad
\begin{array}{r} 55 \\ + 32 \\ \hline \end{array}
\qquad
\begin{array}{r} 11 \\ + 66 \\ \hline \end{array}
\qquad
\begin{array}{r} 80 \\ + 19 \\ \hline \end{array}
\qquad
\begin{array}{r} 27 \\ + 60 \\ \hline \end{array}
$$

Nombre de bonnes réponses

_____
20

Mini-test 2- Additions à 2 chiffres sans regroupement

$$
\begin{array}{r} 55 \\ + 34 \\ \hline \end{array}
\qquad
\begin{array}{r} 72 \\ + 13 \\ \hline \end{array}
\qquad
\begin{array}{r} 30 \\ + 42 \\ \hline \end{array}
\qquad
\begin{array}{r} 23 \\ + 55 \\ \hline \end{array}
\qquad
\begin{array}{r} 54 \\ + 34 \\ \hline \end{array}
\qquad
\begin{array}{r} 46 \\ + 31 \\ \hline \end{array}
\qquad
\begin{array}{r} 26 \\ + 12 \\ \hline \end{array}
$$

$$
\begin{array}{r} 41 \\ + 48 \\ \hline \end{array}
\qquad
\begin{array}{r} 32 \\ + 57 \\ \hline \end{array}
\qquad
\begin{array}{r} 20 \\ + 37 \\ \hline \end{array}
\qquad
\begin{array}{r} 35 \\ + 44 \\ \hline \end{array}
\qquad
\begin{array}{r} 16 \\ + 22 \\ \hline \end{array}
\qquad
\begin{array}{r} 21 \\ + 78 \\ \hline \end{array}
\qquad
\begin{array}{r} 35 \\ + 63 \\ \hline \end{array}
$$

$$
\begin{array}{r} 26 \\ + 23 \\ \hline \end{array}
\qquad
\begin{array}{r} 72 \\ + 24 \\ \hline \end{array}
\qquad
\begin{array}{r} 17 \\ + 72 \\ \hline \end{array}
\qquad
\begin{array}{r} 21 \\ + 17 \\ \hline \end{array}
\qquad
\begin{array}{r} 60 \\ + 39 \\ \hline \end{array}
\qquad
\begin{array}{r} 14 \\ + 64 \\ \hline \end{array}
$$

Nombre de bonnes réponses

_____
20

Mini-test 3- Additions à 2 chiffres sans regroupement

10	82	20	13	24	45	16
+ 64	+ 17	+ 69	+ 74	+ 33	+ 54	+ 43

30	10	16	13	40	10	11
+ 59	+ 10	+ 82	+ 25	+ 49	+ 39	+ 58

47	13	24	15	52	38
+ 31	+ 13	+ 40	+ 73	+ 26	+ 61

Nombre
de bonnes
réponses

———
20

Mini-test 4- Additions à 2 chiffres sans regroupement

38	82	37	23	34	49	13
+ 20	+ 17	+ 61	+ 74	+ 34	+ 50	+ 73

55	16	30	26	10	40	14
+ 44	+ 23	+ 55	+ 23	+ 16	+ 49	+ 52

83	60	31	12	35	16
+ 11	+ 28	+ 37	+ 86	+ 44	+ 62

Nombre
de bonnes
réponses

———
20

Mini-test 5- Additions à 2 chiffres sans regroupement

80	42	60	53	24	35	76
+ 14	+ 42	+31	+ 44	+ 63	+ 44	+ 12

30	10	16	13	40	10	11
+ 59	+ 26	+ 82	+ 24	+ 49	+ 43	+ 57

55	45	22	16	42	18
+ 31	+ 13	+ 40	+ 63	+ 20	+ 11

Nombre de bonnes réponses

___

20

Mini-test 6- Additions à 2 chiffres sans regroupement

68	18	40	23	34	49	13
+ 20	+ 21	+ 51	+ 64	+ 34	+ 30	+ 43

85	66	40	26	10	32	54
+ 14	+ 33	+ 45	+ 13	+ 56	+ 62	+ 12

73	50	41	32	25	27
+ 12	+ 48	+ 27	+ 26	+ 34	+ 42

Nombre de bonnes réponses

___

20

Mini-test 7- Additions à 2 chiffres sans regroupement

14	81	25	14	23	22	31
+ 61	+ 16	+ 12	+ 83	+ 30	+ 74	+ 62

39	13	12	13	46	15	14
+ 50	+ 26	+ 86	+ 51	+ 40	+ 40	+ 50

46	16	23	14	56	31
+ 33	+ 11	+ 45	+ 74	+ 22	+ 48

Nombre de bonnes réponses

_____
20

Mini-test 8- Additions à 2 chiffres sans regroupement

33	24	45	11	27	53	13
+ 42	+ 71	+53	+ 84	+ 11	+ 40	+ 61

55	29	30	26	10	20	44
+ 30	+ 20	+ 45	+ 62	+ 36	+ 72	+ 44

13	60	31	12	35	16
+ 54	+ 27	+ 35	+ 75	+ 22	+ 80

Nombre de bonnes réponses

_____
20

Mini-test 9- Additions à 2 chiffres sans regroupement

61	72	20	63	84	56	30
+ 24	+ 15	+ 69	+ 24	+ 13	+ 21	+ 42

14	16	42	34	20	47	33
+ 61	+ 73	+ 44	+ 23	+ 60	+ 42	+ 56

75	16	55	11	80	27	
+ 24	+ 82	+ 32	+ 66	+ 19	+ 60	

Nombre
de bonnes
réponses

_____
20

Mini-test 10- Additions à 2 chiffres sans regroupement

22	63	47	89	16	34	55
+ 74	+ 23	+ 12	+ 10	+ 82	+ 61	+ 14

80	71	62	53	24	25	16
+ 14	+ 26	+ 35	+ 44	+ 23	+ 72	+ 60

32	43	10	29	73	85	
+ 23	+ 24	+ 79	+ 20	+ 15	+ 4	

Nombre
de bonnes
réponses

_____
20

Mini-test 1- Additions à 2 chiffres avec regroupement

48	77	26	16	48	49	17
+ 36	+ 18	+16	+ 75	+ 49	+ 44	+ 47

22	47	17	33	17	31	16
+ 28	+ 34	+ 27	+ 39	+ 44	+ 59	+ 27

46	14	16	15	43	18
+ 27	+ 19	+ 54	+ 67	+ 28	+ 66

Nombre de bonnes réponses

___

20

Mini-test 2- Additions à 2 chiffres avec regroupement

35	68	44	19	35	66	46
+ 47	+ 5	+ 29	+ 38	+ 57	+ 17	+ 29

38	63	35	49	74	69	14
+ 8	+ 19	+ 55	+ 26	+ 17	+ 19	+ 57

26	17	11	18	54	25
+ 66	+ 56	+ 39	+ 67	+ 27	+ 68

Nombre de bonnes réponses

___

20

Mini-test 3- Additions à 2 chiffres avec regroupement

37	66	29	47	24	45	6
+ 54	+ 17	+ 59	+ 44	+ 29	+ 39	+ 78

36	18	16	13	45	17	11
+ 59	+ 25	+ 67	+ 9	+ 47	+ 48	+ 59

47	18	29	17	55	38
+ 36	+ 18	+ 41	+ 73	+ 36	+ 42

Nombre
de bonnes
réponses

____
20

Mini-test 4- Additions à 2 chiffres avec regroupement

38	73	65	44	37	49	13
+ 26	+ 17	+ 29	+ 46	+ 34	+ 22	+ 78

35	19	33	24	15	46	17
+ 45	+ 24	+ 58	+ 57	+ 16	+ 49	+ 56

79	67	39	18	35	18
+ 11	+ 28	+ 39	+ 47	+ 46	+ 62

Nombre
de bonnes
réponses

____
20

Mini-test 5- Additions à 2 chiffres avec regroupement

55	87	54	7	64	45	48
+ 37	+ 7	+ 18	+ 67	+ 19	+ 25	+ 23

56	27	76	24	49	15	19
+ 39	+ 49	+ 18	+ 36	+ 43	+ 55	+ 51

47	48	29	18	37	29	Nombre de bonnes réponses
+ 36	+ 44	+ 51	+ 63	+ 53	+ 42	

___
20

Mini-test 6- Additions à 2 chiffres avec regroupement

58	77	49	26	37	28	13
+ 26	+ 13	+ 24	+ 45	+ 36	+ 58	+ 79

56	29	55	36	17	18	59
+ 26	+ 23	+ 39	+ 34	+ 27	+ 44	+ 26

85	63	17	38	65	18	Nombre de bonnes réponses
+ 9	+ 28	+ 36	+ 47	+ 6	+ 62	

___
20

Mini-test 7- Additions à 2 chiffres avec regroupement

45	38	2	67	89	46	72
+ 36	+ 57	+ 59	+ 24	+ 6	+ 49	+ 18

24	37	14	43	15	49	68
+ 59	+ 29	+ 78	+ 47	+ 49	+ 19	+ 13

47	18	29	17	55	38
+ 36	+ 18	+ 41	+ 73	+ 36	+ 42

Nombre
de bonnes
réponses

—————
20

Mini-test 8- Additions à 2 chiffres avec regroupement

38	73	65	44	34	49	17
+ 26	+ 17	+ 29	+ 46	+ 38	+ 23	+ 75

46	22	38	57	68	74	19
+ 45	+ 29	+ 58	+ 29	+ 16	+ 9	+ 55

77	88	9	17	36	19
+ 18	+ 8	+ 49	+ 28	+ 36	+ 42

Nombre
de bonnes
réponses

—————
20

Mini-test 9- Additions à 2 chiffres avec regroupement

32 + 18	66 + 17	29 + 59	47 + 44	24 + 67	45 + 39	16 + 78
36 + 55	17 + 29	16 + 56	13 + 79	45 + 47	17 + 46	13 + 57
47 + 36	18 + 18	29 + 41	17 + 73	56 + 36	38 + 42	

Nombre de bonnes réponses

___
20

Mini-test 10- Additions à 2 chiffres avec regroupement

44 + 26	77 + 17	31 + 49	84 + 7	76 + 16	9 + 65	26 + 39
35 + 45	19 + 29	33 + 58	24 + 29	15 + 16	49 + 46	17 + 56
49 + 11	67 + 28	39 + 39	18 + 67	35 + 46	18 + 63	

Nombre de bonnes réponses

___
20

Mini-test 1- Additions à 3 chiffres avec regroupement

197	276	396	436	588	679	787
+ 276	+ 238	+ 266	+ 289	+ 249	+ 246	+ 147

682	597	496	383	277	152	599
+ 128	+ 132	+ 127	+ 431	+ 354	+ 259	+ 199

591	494	376	285	343	168
+ 221	+ 419	+ 354	+ 268	+ 378	+ 166

Nombre
de bonnes
réponses

___
20

Mini-test 2- Additions à 3 chiffres avec regroupement

185	267	349	483	594	665	777
+ 257	+ 279	+ 189	+ 438	+ 357	+ 176	+ 129

736	669	535	449	374	269	184
+ 191	+ 183	+ 271	+ 226	+ 434	+ 549	+ 651

366	467	391	588	154	222
+ 166	+ 256	+ 339	+ 267	+ 657	+ 189

Nombre
de bonnes
réponses

___
20

Mini-test 3- Additions à 3 chiffres avec regroupement

331	466	569	148	594	145	776
+ 188	+ 197	+ 59	+ 404	+ 227	+ 689	+ 178

131	708	216	183	445	286	571
+ 399	+ 129	+ 188	+ 327	+ 489	+ 349	+ 159

447	398	299	377	252	138	Nombre de bonnes réponses
+ 236	+ 218	+ 501	+ 473	+ 676	+ 172	

20

Mini-test 4- Additions à 3 chiffres avec regroupement

244	377	191	284	171	199	126
+ 191	+ 117	+ 409	+ 517	+ 119	+ 615	+ 499

155	119	673	174	115	486	267
+ 185	+ 129	+ 58	+ 199	+ 396	+ 489	+ 686

289	367	439	218	435	518	Nombre de bonnes réponses
+ 211	+ 328	+ 439	+ 187	+ 346	+ 163	

20

Mini-test 5- Additions à 3 chiffres avec regroupement

688	767	398	87	853	162	537
+ 40	+ 107	+ 315	+ 594	+ 98	+ 777	+ 168

119	229	648	208	154	91	571
+ 199	+ 189	+ 188	+ 344	+ 489	+ 791	+ 290

539	661	341	189	224	67
+ 235	+ 299	+ 388	+ 142	+ 176	+ 744

Nombre
de bonnes
réponses

___
20

Mini-test 6- Additions à 3 chiffres avec regroupement

425	340	290	228	533	203	61
+ 191	+ 273	+ 453	+ 417	+ 288	+ 559	+ 459

106	477	583	663	475	234	899
+ 685	+ 329	+ 58	+ 199	+ 397	+ 199	+ 77

393	479	690	328	544	185
+ 55	+ 489	+ 287	+ 484	+ 346	+ 167

Nombre
de bonnes
réponses

___
20

Mini-test 7- Additions à 3 chiffres avec regroupement

582	463	299	386	53	668	439
+ 48	+ 108	+ 375	+ 494	+ 398	+ 77	+ 108

518	279	248	408	254	82	575
+ 194	+ 188	+ 197	+ 344	+ 489	+ 631	+ 308

136	377	127	184	253	67
+ 236	+ 253	+ 399	+ 147	+ 198	+ 685

Nombre de bonnes réponses

_____
20

Mini-test 8- Additions à 3 chiffres avec regroupement

465	380	230	217	596	205	99
+ 261	+ 383	+ 583	+ 697	+ 308	+ 659	+ 889

106	27	533	643	455	264	748
+ 685	+ 799	+ 188	+ 299	+ 377	+ 168	+ 77

693	379	590	328	865	289
+ 44	+ 591	+ 372	+ 209	+ 46	+ 267

Nombre de bonnes réponses

_____
20

Mini-test 9- Additions à 3 chiffres avec regroupement

779	263	288	345	79	125	869
+ 58	+ 109	+ 545	+ 294	+ 438	+ 89	+ 108

686	215	224	408	232	41	555
+ 194	+ 188	+ 197	+ 343	+ 489	+ 691	+ 307

176	379	167	148	254	38	
+ 232	+ 259	+ 369	+ 184	+ 117	+ 785	

Nombre de bonnes réponses

___
20

Mini-test 10- Additions à 3 chiffres avec regroupement

485	360	230	217	596	105	99
+ 381	+ 463	+ 583	+ 607	+ 378	+ 789	+ 881

626	27	193	153	445	264	778
+ 185	+ 799	+ 588	+ 299	+ 377	+ 168	+ 82

663	399	580	318	825	239	
+ 53	+ 298	+ 377	+ 206	+ 45	+ 264	

Nombre de bonnes réponses

___
20

Ma progression

Les sommes de 0 à 10 (p.62 à 66)

Nombre correct	Test 1	Test 2	Test 3	Test 4	Test 5	Test 6	Test 7	Test 8	Test 9	Test 10
20										
19										
18										
17										
16										
15										
14										
13										
12										
11										
10										
9										
8										
7										
6										
5										
4										
3										
2										
1										

Les sommes de 11 à 20

Nombre correct	Test 1	Test 2	Test 3	Test 4	Test 5	Test 6	Test 7	Test 8	Test 9	Test 10
20										
19										
18										
17										
16										
15										
14										
13										
12										
11										
10										
9										
8										
7										
6										
5										
4										
3										
2										
1										

Ma progression (suite)

Addition à 2 chiffres sans regroupement

Nombre correct	Test 1	Test 2	Test 3	Test 4	Test 5	Test 6	Test 7	Test 8	Test 9	Test 10
20										
19										
18										
17										
16										
15										
14										
13										
12										
11										
10										
9										
8										
7										
6										
5										
4										
3										
2										
1										

Addition à 2 chiffres avec regroupement

Nombre correct	Test 1	Test 2	Test 3	Test 4	Test 5	Test 6	Test 7	Test 8	Test 9	Test 10
20										
19										
18										
17										
16										
15										
14										
13										
12										
11										
10										
9										
8										
7										
6										
5										
4										
3										
2										
1										

Ma progression (suite)

Addition à 3 chiffres avec regroupement

Nombre correct	Test 1	Test 2	Test 3	Test 4	Test 5	Test 6	Test 7	Test 8	Test 9	Test 10
20										
19										
18										
17										
16										
15										
14										
13										
12										
11										
10										
9										
8										
7										
6										
5										
4										
3										
2										
1										

Réflexion sur mes habiletés mathématiques!

Je suis fier/fière de :

_____

_____

_____

Je dois travailler sur :

_____

_____

_____

EXCELLENT TRAVAIL!

Nom

Réponses

Page 2

Les sommes jusqu'à 5

Utilise les blocs pour additionner.

$4 + 1 = \underline{5}$ $2 + 3 = \underline{5}$

$1 + 1 = \underline{2}$ $2 + 2 = \underline{4}$

$1 + 4 = \underline{5}$ $3 + 2 = \underline{5}$

$3 + 1 = \underline{4}$ $1 + 2 = \underline{3}$

$1 + 3 = \underline{4}$ $2 + 1 = \underline{3}$

Page 3

Les sommes jusqu'à 5 (suite)

Dessine des cercles pour t'aider à additionner.

$1 + 2 = \underline{3}$ $2 + 3 = \underline{5}$

$3 + 1 = \underline{4}$ $1 + 4 = \underline{5}$

$1 + 3 = \underline{4}$ $2 + 1 = \underline{3}$

$2 + 2 = \underline{4}$ $1 + 1 = \underline{2}$

$3 + 2 = \underline{5}$ $4 + 1 = \underline{5}$

Page 4

Les sommes jusqu'à 5 (suite)

Utilise la légende pour colorier l'image.

Légende de couleurs
1 - jaune
2 - orange
3 - vert
4 - bleu
5 - rouge

4 + 0   3 + 2   2 + 2
2 + 3   3 + 0   2 + 0
1 + 0   1 + 2   1 + 1
3 + 1   4 + 1   1 + 3

Complète les additions suivantes.

$4 + 1 = \underline{5}$	$3 + 1 = \underline{4}$	$1 + 1 = \underline{2}$
$2 + 0 = \underline{2}$	$5 + 0 = \underline{5}$	$2 + 3 = \underline{5}$
$1 + 3 = \underline{4}$	$0 + 1 = \underline{1}$	$0 + 5 = \underline{5}$
$2 + 2 = \underline{4}$	$1 + 4 = \underline{5}$	$2 + 1 = \underline{3}$
$1 + 0 = \underline{1}$	$3 + 2 = \underline{5}$	$4 + 0 = \underline{4}$
$0 + 4 = \underline{4}$	$1 + 2 = \underline{3}$	$0 + 2 = \underline{2}$

Page 5

Les additions de 2, 3, 4 et 5

Utilise la légende de couleurs pour colorier l'image.

Légende de couleurs
2 - rouge
3 - jaune
4 - vert
5 - jaune

2 + 1   0 + 3
1 + 1   4 + 1   2 + 0
1 + 3   2 + 1   4 + 0   1 + 3   3 + 1   0 + 4
2 + 2

Complète les additions suivantes

$0 + 5 = \underline{5}$	$1 + 1 = \underline{2}$	$4 + 0 = \underline{4}$
$1 + 2 = \underline{3}$	$4 + 1 = \underline{5}$	$2 + 0 = \underline{2}$
$1 + 4 = \underline{5}$	$0 + 4 = \underline{4}$	$2 + 3 = \underline{5}$
$0 + 3 = \underline{3}$	$2 + 2 = \underline{4}$	$0 + 2 = \underline{2}$
$3 + 2 = \underline{5}$	$3 + 1 = \underline{4}$	$5 + 0 = \underline{5}$
$2 + 1 = \underline{3}$	$1 + 3 = \underline{4}$	$3 + 0 = \underline{3}$

Page 6

Les additions de 6, 7, 8 et 9

Utilise la légende de couleurs pour colorier l'image.

Légende de couleurs
6 - rouge
7 - bleu
8 - vert
9 - jaune

5 + 4   6 + 3
3 + 4   1 + 7
3 + 3
5 + 2   6 + 1

Complète les additions suivantes.

$1 + 5 = \underline{6}$	$2 + 6 = \underline{8}$	$3 + 4 = \underline{7}$
$0 + 9 = \underline{9}$	$2 + 5 = \underline{7}$	$0 + 8 = \underline{8}$
$1 + 7 = \underline{8}$	$4 + 5 = \underline{9}$	$2 + 7 = \underline{9}$
$0 + 6 = \underline{6}$	$3 + 5 = \underline{8}$	$0 + 7 = \underline{7}$
$1 + 6 = \underline{7}$	$3 + 3 = \underline{6}$	$4 + 4 = \underline{8}$
$4 + 2 = \underline{6}$	$1 + 8 = \underline{9}$	$2 + 4 = \underline{6}$

Page 7

Combien d'additions différentes donnent 10?

Utilise la grille de 10 carreaux pour trouver des additions qui donnent 10. Utilise deux couleurs différentes. Ensuite, écris la réponse.

$\underline{4} + \underline{6} = \underline{10}$

exemple de réponse

$\underline{5} + \underline{5} = \underline{10}$

$\underline{7} + \underline{3} = \underline{10}$

$\underline{8} + \underline{2} = \underline{10}$

$\underline{9} + \underline{1} = \underline{10}$

$\underline{10} + \underline{0} = \underline{10}$

Page 8

Exerce-toi à additionner!

Écris l'addition représentée dans la grille. Puis, écris la somme.

$\underline{4} + \underline{1} = 5$ $\underline{5} + \underline{4} = 9$

$\underline{3} + \underline{3} = 6$ $\underline{3} + \underline{4} = 7$

$\underline{1} + \underline{9} = 10$ $\underline{2} + \underline{3} = 5$

$\underline{5} + \underline{5} = 10$ $\underline{6} + \underline{4} = 10$

$\underline{4} + \underline{4} = 8$ $\underline{1} + \underline{7} = 8$

Page 9

Exerce-toi à additionner! (suite)

Écris l'addition représentée dans la grille. Puis, écris la somme.

$\underline{3} + \underline{6} = 9$ $\underline{1} + \underline{1} = 2$

$\underline{8} + \underline{1} = 9$ $\underline{1} + \underline{3} = 4$

$\underline{2} + \underline{2} = 4$ $\underline{2} + \underline{1} = 3$

$\underline{7} + \underline{3} = 10$ $\underline{3} + \underline{1} = 4$

$\underline{9} + \underline{1} = 10$ $\underline{2} + \underline{7} = 9$

10

Additionner en faisant des bonds de 1 ou 2

Compte en faisant des bonds de 1 ou 2.

6 + 1 = **7**	5 + 2 = **7**
6, **7**	5, **6**, **7**
2 + 1 = **3**	3 + 2 = **5**
2, **3**	3, **4**, **5**
8 + 1 = **9**	1 + 2 = **3**
8, **9**	1, **2**, **3**
3 + 1 = **4**	7 + 2 = **9**
3, **4**	7, **8**, **9**

11

Additionner en faisant des bonds de 1 ou 2

Compte en faisant des bonds de 1 ou 2.

4 + 1 = **5**	2 + 2 = **4**
4, **5**	2, **3**, **4**
9 + 1 = **10**	4 + 2 = **6**
9, **10**	4, **5**, **6**
7 + 1 = **8**	8 + 2 = **10**
7, **8**	8, **9**, **10**
1 + 1 = **2**	6 + 2 = **8**
1, **2**	6, **7**, **8**
5 + 1 = **6**	0 + 2 = **2**
5, **6**	0, **1**, **2**
0 + 1 = **1**	9 + 2 = **11**
0, **1**	9, **10**, **11**

12

Utiliser une droite numérique pour additionner

Utilise une droite numérique pour additionner.

6 + 3 = **9**

DITES : 7, 8, 9
Dessine un point au chiffre 6.
Dessine 3 bonds vers la droite.
Arrête au chiffre 9.

Utilise la droite numérique pour additionner. Dessine un point pour montrer où commencer. Ensuite, fais le nombre de bonds demandé. Écris la réponse.

- 3 + 6 = **9**
- 4 + 4 = **8**
- 0 + 8 = **8**
- 1 + 7 = **8**
- 5 + 4 = **9**

13

Utilise une droite numérique pour additionner

Utilise la droite numérique pour additionner. Dessine un point pour montrer où commencer. Ensuite, fais le nombre de bonds demandé. Écris la réponse.

- 0 + 7 = **7**
- 8 + 2 = **10**
- 9 + 1 = **10**
- 2 + 6 = **8**
- 4 + 3 = **7**
- 1 + 8 = **9**
- 3 + 3 = **6**
- 2 + 4 = **6**

14

Construire des phrases mathématiques

Montre 3 manières
Utilise 2 couleurs

exemple de réponse

4 + **5** = 9	
7 + **2** = 9	
6 + **3** = 9	
1 + **2** = 3	
2 + **1** = 3	
0 + **3** = 3	
4 + **3** = 7	
2 + **5** = 7	
1 + **6** = 7	
2 + **3** = 5	
1 + **4** = 5	
3 + **2** = 5	

15

Construis des phrases mathématiques (suite)

Montre 3 manières
Utilise 2 couleurs

exemple de réponse

2 + **8** = 10	
7 + **3** = 10	
5 + **5** = 10	
2 + **6** = 8	
7 + **1** = 8	
5 + **3** = 8	
2 + **4** = 6	
3 + **3** = 6	
1 + **5** = 6	
2 + **2** = 4	
1 + **3** = 4	
3 + **1** = 4	

16

On peut additionner les chiffres dans n'importe quel ordre

5 + 2 = 7
2 + 5 = 7

Utilise la grille pour montrer comment additionner les nombres de 2 façons différentes. Utilise 2 couleurs. Ensuite, écris la réponse.

- 6 + 2 = **8**
- 2 + 6 = **8**
- 3 + 4 = **7**
- 4 + 3 = **7**
- 1 + 8 = **9**
- 8 + 1 = **9**
- 4 + 5 = **9**
- 5 + 4 = **9**
- 7 + 2 = **9**
- 2 + 7 = **9**

17

On peut additionner les chiffres dans n'importe quel ordre

Utilise la grille pour montrer comment additionner les nombres de 2 façons différentes. Utilise 2 couleurs. Ensuite, écris la réponse.

- 6 + 4 = **10**
- 4 + 6 = **10**
- 2 + 3 = **5**
- 3 + 2 = **5**
- 1 + 7 = **8**
- 7 + 1 = **8**
- 5 + 3 = **8**
- 3 + 5 = **8**
- 1 + 3 = **4**
- 3 + 1 = **4**

exemple de réponse

8 + **2** = **2** + **8**

18

Exercice d'addition

Utilise la légende de couleurs pour colorier l'image.

Légende de couleurs :
1 - rouge
2 - jaune
2 - mauve
5 - gris
7 - orange
9 - bleu
10 - noir

(Étiquettes de l'image : 8 + 2, 2 + 7, 9 + 1, 0 + 1, 1 + 2, 4 + 3, 3 + 2, 5 + 5, 5 + 4, 6 + 4)

Trouve les sommes des additions.

2 + 1 = **3**	8 + 1 = **9**	3 + 6 = **9**
5 + 2 = **7**	6 + 0 = **6**	0 + 3 = **3**
3 + 4 = **7**	1 + 1 = **2**	1 + 0 = **1**
2 + 2 = **4**	1 + 5 = **6**	4 + 4 = **8**
3 + 1 = **4**	2 + 3 = **5**	4 + 1 = **5**
2 + 5 = **7**	6 + 1 = **7**	3 + 7 = **10**

19 — Les additions qui ont une somme de 10 ou moins

Associe la phrase mathématique à la bonne somme.

4 + 4 =	7	2 + 3
0 + 1 =	8	6 + 3
1 + 3 =	6	1 + 1
2 + 4 =	5	3 + 0
3 + 7 =	9	5 + 5
1 + 2 =	2	1 + 0
8 + 1 =	4	4 + 3
2 + 5 =	10	3 + 3
0 + 2 =	1	5 + 3
1 + 4 =	3	2 + 2

Gymnastique de cerveau

$4 + 1 + 5 = 10$ $7 + 2 + 1 = 10$

---

20 — Charade mathématique: les sommes de 10 ou moins

Quel est le fruit que les poissons détestent?

L A | P Ê C H E
5 9 | 6 3 4 7 3

A: $5 + 4 = 9$	C: $1 + 3 = 4$	E: $2 + 1 = 3$
H: $2 + 5 = 6$	L: $3 + 2 = 5$	P: $2 + 4 = 7$
Q: $1 + 0 = 1$	S: $6 + 4 = 10$	U: $1 + 1 = 2$
Y: $3 + 5 = 8$	**Attention!** Certaines lettres ne sont pas utilisées dans la charade!	

---

21 — Exercice d'addition: les sommes de 10 ou moins

Trouve la somme des additions.

$6 + 4 = 10$	$1 + 1 = 2$	$5 + 2 = 7$	$3 + 6 = 9$	$2 + 7 = 9$
$0 + 1 = 1$	$5 + 0 = 5$	$2 + 3 = 5$	$1 + 2 = 3$	$0 + 7 = 7$
$3 + 4 = 7$	$4 + 4 = 8$	$3 + 3 = 6$	$7 + 3 = 10$	$3 + 5 = 8$
$2 + 5 = 7$	$6 + 1 = 7$	$8 + 2 = 10$	$2 + 2 = 4$	$4 + 5 = 9$

Gymnastique de cerveau

$1 + 4 + 5 = 10$ $2 + 3 + 5 = 10$

---

22 — Additions doubles

Écris la phrase mathématique correspondant au dessin.

$1 + 1 = 2$

$2 + 2 = 4$

$3 + 3 = 6$

$4 + 4 = 8$

$5 + 5 = 10$

$6 + 6 = 12$

---

23 — Additions doubles plus 1

Utilise l'addition double et ajoute 1 pour additionner.

Si $6 + 6 = 12$ donc $6 + 7 = 13$ Si $10 + 10 = 20$ donc $10 + 11 = 21$

Si $3 + 3 = 6$ donc $3 + 4 = 7$ Si $5 + 5 = 10$ donc $5 + 6 = 11$

Si $8 + 8 = 16$ donc $8 + 9 = 17$ Si $1 + 1 = 2$ donc $1 + 2 = 3$

Si $9 + 9 = 18$ donc $9 + 10 = 19$ Si $2 + 2 = 4$ donc $2 + 3 = 5$

Si $4 + 4 = 8$ donc $4 + 5 = 9$ Si $7 + 7 = 14$ donc $7 + 8 = 15$

---

24 — Additionner en regroupant des dizaines

Fais un groupe de 10 (dizaine) p...   **exemple de réponse**

$3 + 8 = 10 + 1 = 11$

Encercle 10 unités. Il reste 1 bloc. Utilise ta dizaine, et additionne-la au bloc restant.

$5 + 8 = 10 + 3 = 13$

$5 + 7 = 10 + 2 = 12$ $7 + 7 = 10 + 4 = 14$

$4 + 9 = 10 + 3 = 13$ $9 + 6 = 10 + 5 = 15$

---

25 — Additionne en regroupant des dizaines (suite)

Fais un groupe de 10 (dizaine) p...   **exemple de réponse**

$8 + 8 = 10 + 6 = 16$ $6 + 5 = 10 + 1 = 11$

$8 + 7 = 10 + 5 = 15$ $5 + 9 = 10 + 4 = 14$

$9 + 7 = 10 + 6 = 16$ $9 + 9 = 10 + 8 = 18$

---

26 — Additionne en regroupant des dizaines (suite)

Fais un groupe de 10 (dizaine) pour t'aider à additionner.

$9 + 8 = 10 + 7 = 17$ $7 + 8 = 10 + 5 = 15$

$6 + 9 = 10 + 5 = 15$ $8 + 6 = 10 + 4 = 14$

$9 + 4 = 10 + 3 = 13$ $2 + 9 = 10 + 1 = 11$

---

27 — Isoler une dizaine pour additionner

$9 + 5 = 14$

$9 + 5 = 10 + 4 = 14$

Je sais que $9 + 1 = 10$, donc je peux écrire 5 comme ceci: $4 + 1$. Ensuite, je dois ajouter 4 autres unités. La somme est 14.

Isole une dizaine et additionne.

$8 + 6 = 10 + 4 = 14$

Dessine une dizaine pour additionner.

$5 + 8 = 10 + 3 = 13$

$4 + 7 = 10 + 1 = 11$

$9 + 9 = 10 + 8 = 18$

28

Isole une dizaine pour additionner (suite)

Dessine une dizaine pour additionner.

$6 + 6 = 10 + \underline{\textbf{2}} = 12$

$5 + 9 = 10 + \underline{\textbf{4}} = 14$

$7 + 8 = 10 + \underline{\textbf{5}} = 15$

$8 + 8 = 10 + \underline{\textbf{6}} = 16$

$7 + 7 = 10 + \underline{\textbf{4}} = 14$

29

Isole une dizaine pour additionner (suite)

Dessine une dizaine pour additionner.

$8 + 7 = 10 + \underline{\textbf{5}} = 15$

$4 + 9 = 10 + \underline{\textbf{3}} = 13$

$9 + 6 = 10 + \underline{\textbf{5}} = 15$

$5 + 7 = 10 + \underline{\textbf{2}} = 12$

$3 + 9 = 10 + \underline{\textbf{2}} = 12$

30

Exercice d'addition - Les sommes de 11 à 20

Additionne. Utilise la droite numérique pour t'aider à additionner.
Indice: commence avec le plus gros nombre.

0 1 2 3 4 5 6 7 8 9 10 11 12 13 14 15 16 17 18 19 20

8 + 6 = **14**	9 + 8 = **17**	10 + 5 = **15**	9 + 6 = **15**	14 + 3 = **17**
5 + 12 = **17**	15 + 5 = **20**	11 + 3 = **14**	8 + 8 = **16**	7 + 7 = **14**
10 + 10 = **20**	6 + 10 = **16**	13 + 1 = **14**	16 + 4 = **20**	7 + 5 = **12**
9 + 5 = **14**	5 + 7 = **12**	9 + 9 = **18**	8 + 5 = **13**	10 + 6 = **16**

31

Exercice d'addition - Les sommes de 11 à 20 (suite)

Utilise la droite numérique pour additionner.

0 1 2 3 4 5 6 7 8 9 10 11 12 13 14 15 16 17 18 19 20

7 + 8 = **15**	5 + 5 = **10**	12 + 3 = **15**	6 + 6 = **12**	15 + 3 = **18**
17 + 2 = **19**	11 + 0 = **11**	10 + 3 = **13**	9 + 2 = **11**	4 + 9 = **13**
8 + 10 = **18**	9 + 7 = **16**	7 + 6 = **13**	18 + 2 = **20**	14 + 3 = **17**
5 + 9 = **14**	11 + 7 = **18**	7 + 4 = **11**	5 + 13 = **18**	3 + 12 = **15**

32

Nombres manquants

Trouve les nombres manquants. Utilise la droite numérique pour t'aider.

0 1 2 3 4 5 6 7 8 9 10 11 12 13 14 15 16 17 18 19 20

3 + [3] = 6	9 + [9] = 18	3 + [9] = 12	[8] + 6 = 14	4 + [11] = 15
9 + [8] = 17	[9] + 2 = 11	7 + [5] = 12	[6] + 7 = 13	6 + [6] = 12
3 + [2] = 5	7 + [0] = 7	[8] + 10 = 18	[5] + 9 = 14	1 + [10] = 11
[8] + 8 = 16	10 + [10] = 20	[6] + 4 = 10	2 + [4] = 6	10 + [5] = 15

33

Termes manquants (suite)

Trouve les termes manquants. Utilise la droite numérique pour t'aider.

0 1 2 3 4 5 6 7 8 9 10 11 12 13 14 15 16 17 18 19 20

2 + [5] = 7	9 + [9] = 18	13 + [1] = 14	[4] + 6 = 10	3 + [8] = 11
8 + [9] = 17	[16] + 1 = 17	[2] + 7 = 9	[5] + 6 = 11	5 + [5] = 10
3 + [5] = 8	[5] + 11 = 16	[5] + 11 = 16	[6] + 6 = 12	1 + [14] = 15
2 + 8 = 10	[5] + 15 = 20	[5] + 3 = 7	2 + [10] = 12	10 + 6 = 16

34

Charade mathématique: les additions jusqu'à 20

J'ai un chapeau, mais pas de tête. J'ai un pied mais pas de chaussures. Qui suis-je?

U N | C H A M P I G N O N
5 14 | 13 17 19 16 10 12 11 14 9 14

A	C	D	G	H
10 + 9 = 19	7 + 6 = 13	2 + 1 = 3	9 + 2 = 11	10 + 7 = 17

I	K	L	M	N
8 + 4 = 12	9 + 9 = 18	3 + 3 = 6	9 + 7 = 16	8 + 6 = 14

O	P	R	T	U
5 + 4 = 9	8 + 2 = 10	10 + 10 = 20	7 + 1 = 8	3 + 2 = 5

V	W	Y	
9 + 6 = 15	4 + 3 = 7	2 + 2 = 4	**Attention!** Certaines lettres ne sont pas utilisées dans la charade!

35

Utiliser une droite numérique pour additionner

Tu peux trouver la somme de deux nombres en faisant des bonds.
14 + 5 = 19   Compte : 14, 15, 16, 17, 18, 19

Utilise la droite numérique pour trouver la somme.

0 1 2 3 4 5 6 7 8 9 10 11 12 13 14 15 16 17 18 19 20 21 22 23 24 25 26 27 28 29 30

24 + 4 = **28**	15 + 3 = **18**
24 + 5 = **29**	16 + 9 = **25**
5 + 12 = **17**	21 + 5 = **26**
18 + 5 = **23**	15 + 7 = **22**

36

Exercice : regrouper les unités en dizaines

Compte et regroupe les unités en dizaines.

S'il y a plus que 9 unités, regroupe 10 unités en 1 dizaine.

___ dizaines **17** unités   **1** dizaines **7** unités

5 dizaines **13** unités → regroupe → **6** dizaines **3** unités

7 dizaines **18** unités → regroupe → **8** dizaines **8** unités

37

Compte et regroupe les unités en dizaines.

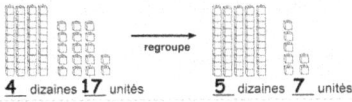

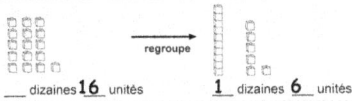

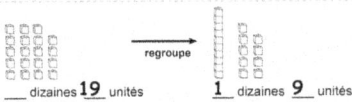

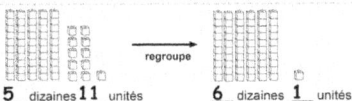

4 dizaines 17 unités → regroupe → 5 dizaines 7 unités

___ dizaines 16 unités → regroupe → 1 dizaines 6 unités

___ dizaines 19 unités → regroupe → 1 dizaines 9 unités

5 dizaines 11 unités → regroupe → 6 dizaines 1 unités

© Chalkboard Publishing · 37

38

Additionner des dizaines et des unités

Utilise les dizaines et des unités pour additionner.

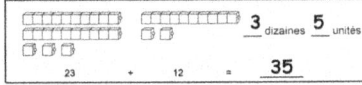

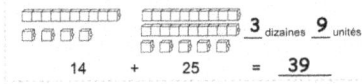

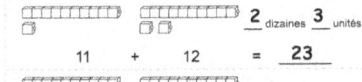

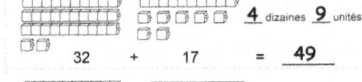

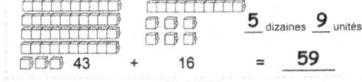

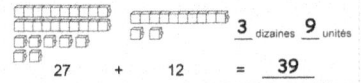

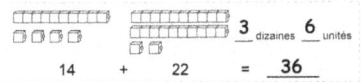

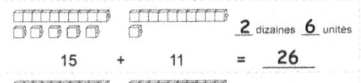

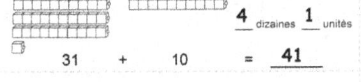

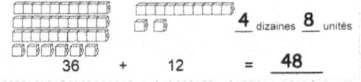

3 dizaines 5 unités ; 23 + 12 = 35

3 dizaines 9 unités ; 14 + 25 = 39

2 dizaines 3 unités ; 11 + 12 = 23

4 dizaines 9 unités ; 32 + 17 = 49

5 dizaines 9 unités ; 43 + 16 = 59

© Chalkboard Publishing · 38

39

Additionner des dizaines et des unités (suite)

Utilise les dizaines et des unités pour additionner.

3 dizaines 9 unités ; 27 + 12 = 39

3 dizaines 6 unités ; 14 + 22 = 36

2 dizaines 6 unités ; 15 + 11 = 26

4 dizaines 1 unités ; 31 + 10 = 41

4 dizaines 8 unités ; 36 + 12 = 48

© Chalkboard Publishing · 39

40

Isoler par dizaine pour additionner

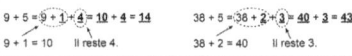

$9 + 5 = 9 + 1 + 4 = 10 + 4 = 14$ $38 + 5 = 38 + 2 + 3 = 40 + 3 = 43$
$9 + 1 = 10$ Il reste 4. $38 + 2 = 40$ Il reste 3.

Utilise des dizaines pour additionner.

a) $8 + 7 = 8 + 2 + 5 = 10 + 5 = 15$

b) $25 + 9 = 25 + 5 + 4 = 30 + 4 = 34$

Utilise des dizaines pour additionner. Laisse des traces de ta démarche.

a) 34 + 7 =
34 + 6 + 1 =
40 + 1 = 41

b) 49 + 4 =
49 + 1 + 3 =
50 + 3 = 53

c) 73 + 8 =
73 + 7 + 1 =
80 + 1 = 81

d) 59 + 5 =
59 + 1 + 4 =
60 + 4 = 64

e) 48 + 8 =
48 + 2 + 6 =
50 + 6 = 56

f) 65 + 7 =
65 + 5 + 2 =
70 + 2 = 72

© Chalkboard Publishing · 40

41

Séparer des nombres pour créer des dizaines (suite)

Utilise des dizaines pour additionner. Laisse des traces de ta démarche.

a) 16 + 8 =
16 + 4 + 4 =
20 + 4 = 24

b) 37 + 9 =
37 + 3 + 6 =
40 + 6 = 46

c) 63 + 9 =
63 + 7 + 2 =
70 + 2 = 72

d) 37 + 8 =
37 + 3 + 5 =
40 + 5 = 45

e) 44 + 7 =
44 + 6 + 1 =
50 + 1 = 51

f) 55 + 7 =
55 + 5 + 2 =
60 + 2 = 62

g) 62 + 9 =
62 + 8 + 1 =
70 + 1 = 71

h) 77 + 7 =
77 + 3 + 4 =
80 + 4 = 84

i) 17 + 6 =
17 + 3 + 3 =
20 + 3 = 23

j) 53 + 9 =
53 + 7 + 2 =
60 + 2 = 62

© Chalkboard Publishing · 41

42

Addition à 2 chiffres sans regroupement

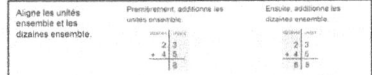

Aligne les unités ensemble et les dizaines ensemble. Premièrement, additionne les unités ensemble. Ensuite, additionne les dizaines ensemble.

Utilise un tableau pour diviser les dizaines et les unités. Avec ton surligneur jaune, colorie la colonne des unités. Avec ton surligneur orange, colorie la colonne des dizaines.

54 +31 = 85	22 +15 = 37	71 +27 = 98	35 +62 = 97	44 +30 = 74
12 +50 = 62	76 +12 = 88	62 +23 = 85	84 +11 = 95	33 +13 = 46
54 +33 = 87	31 +26 = 57	53 +11 = 64	62 +37 = 99	14 +30 = 44
82 +15 = 97	12 +40 = 52	34 +14 = 48	20 +13 = 33	52 +43 = 95

© Chalkboard Publishing · 42

43

Addition à 2 chiffres sans regroupement (suite)

Utilise un tableau pour diviser les dizaines et les unités. Avec ton surligneur jaune, colorie la colonne des unités. Avec ton surligneur orange, colorie la colonne des dizaines.

83 +14 = 97	13 +43 = 56	36 +13 = 49	21 +32 = 53	53 +46 = 99
55 +30 = 85	23 +25 = 48	72 +26 = 98	16 +60 = 76	45 +32 = 77
13 +50 = 63	77 +11 = 88	63 +13 = 76	85 +14 = 99	34 +15 = 49
51 +21 = 72	32 +22 = 54	54 +12 = 66	43 +36 = 79	15 +33 = 48
72 +25 = 97	24 +32 = 56	46 +12 = 58	11 +55 = 66	82 +16 = 98

© Chalkboard Publishing · 43

44

Addition à 2 chiffres sans regroupement (suite)

Utilise un tableau pour diviser les dizaines et les unités. Avec ton surligneur jaune, colorie la colonne des unités. Avec ton surligneur orange, colorie la colonne des dizaines.

25 +14 = 39	44 +41 = 85	72 +17 = 89	16 +30 = 46	47 +50 = 97
30 +31 = 61	12 +43 = 55	55 +32 = 87	12 +54 = 66	32 +46 = 78
63 +24 = 87	24 +34 = 58	45 +43 = 88	71 +22 = 93	12 +83 = 95
14 +74 = 88	46 +53 = 99	15 +42 = 57	21 +66 = 87	73 +12 = 85
83 +12 = 95	13 +45 = 58	35 +13 = 48	21 +38 = 59	53 +45 = 98

© Chalkboard Publishing · 44

45

Addition à 2 chiffres sans regroupement (suite)

Utilise un tableau pour diviser les dizaines et les unités. Avec ton surligneur jaune, colorie la colonne des unités. Avec ton surligneur orange, colorie la colonne des dizaines.

95 + 3 = 98	32 +36 = 68	55 +14 = 69	61 +23 = 84	22 + 4 = 26
48 +31 = 79	33 +45 = 78	21 +70 = 91	22 +54 = 76	42 +46 = 88
17 +52 = 69	82 +13 = 95	37 +30 = 67	50 +29 = 79	45 +13 = 58
76 +21 = 97	55 +23 = 78	33 +42 = 75	21 +67 = 88	70 + 5 = 75
52 +47 = 99	13 +23 = 36	64 +34 = 98	31 +11 = 42	24 +25 = 49

© Chalkboard Publishing · 45

Qu'est-ce qui peut faire le tour du monde en restant dans son coin ?

U N   T I M B R E
50 79   33 77 88 48 97 61

A 12 + 53 = 65	B 27 + 21 = 48	E 20 + 41 = 61	F 31 + 36 = 67	G 53 + 32 = 85	H 11 + 41 = 52
I 51 + 26 = 77	L 42 + 34 = 76	M 74 + 14 = 88	N 36 + 43 = 79	O 41 + 22 = 63	P 22 + 51 = 73
Q 20 + 60 = 80	R 77 + 20 = 97	S 56 + 43 = 99	T 12 + 21 = 33	U 20 + 30 = 50	V 12 + 45 = 57
Y 22 + 32 = 54	Z 31 + 44 = 75	Attention! Certaines lettres ne sont pas utilisées dans la charade!			

Addition à 2 chiffres avec regroupement

Aligne les unités ensemble et les dizaines ensemble.
Additionne les unités.
S'il y a plus que 9 unités, échange 10 unités pour 1 dizaine.
Regroupe dans la colonne des dizaines.
Écris les unités. Puis, écris les dizaines.

Échange 10 unités de 12 pour 1 dizaine.
Regroupe en écrivant 1 dans la colonne des dizaines.

Utilise un tableau pour diviser les dizaines et les unités. Surligne en jaune la colonne des unités et en orange la colonne des dizaines.

64 + 18 = 82	22 + 19 = 41	45 + 27 = 72	39 + 22 = 61	49 + 38 = 87
12 + 58 = 70	76 + 14 = 90	64 + 17 = 81	29 + 33 = 62	36 + 36 = 72
54 + 17 = 71	35 + 26 = 61	25 + 25 = 50	62 + 18 = 80	17 + 27 = 44

Addition à 2 chiffres avec regroupement (suite)

Utilise un tableau pour diviser les dizaines et les unités. Avec ton surligneur jaune, colorie la colonne des unités. Avec ton surligneur orange, colorie la colonne des dizaines.

17 + 55 = 72	78 + 19 = 97	64 + 16 = 80	57 + 14 = 71	35 + 19 = 54
56 + 38 = 94	24 + 26 = 50	43 + 29 = 72	27 + 66 = 93	48 + 38 = 86
47 + 19 = 66	17 + 48 = 65	34 + 19 = 53	39 + 31 = 70	55 + 26 = 81
59 + 23 = 82	39 + 28 = 67	57 + 16 = 73	64 + 27 = 91	16 + 38 = 54
74 + 18 = 92	57 + 29 = 86	62 + 28 = 90	19 + 39 = 58	29 + 36 = 65

Addition à 2 chiffres avec regroupement (suite)

Utilise un tableau pour diviser les dizaines et les unités. Avec ton surligneur jaune, colorie la colonne des unités. Avec ton surligneur orange, colorie la colonne des dizaines.

58 + 24 = 82	44 + 39 = 83	22 + 38 = 60	36 + 47 = 83	47 + 39 = 86
39 + 34 = 73	12 + 49 = 61	55 + 38 = 93	18 + 54 = 72	38 + 38 = 76
63 + 28 = 91	27 + 14 = 41	45 + 46 = 91	65 + 27 = 92	19 + 19 = 38
19 + 78 = 97	46 + 38 = 84	29 + 45 = 74	26 + 66 = 92	76 + 17 = 93
18 + 14 = 32	17 + 43 = 60	35 + 19 = 54	27 + 27 = 54	28 + 45 = 73

Addition à 2 chiffres avec regroupement (suite)

Utilise un tableau pour diviser les dizaines et les unités. Avec ton surligneur orange, colorie la colonne des unités. Avec ton surligneur jaune, colorie la colonne des dizaines.

75 + 9 = 84	32 + 38 = 70	55 + 17 = 72	61 + 29 = 90	22 + 8 = 30
48 + 38 = 86	38 + 45 = 83	29 + 69 = 98	29 + 54 = 83	46 + 46 = 92
17 + 57 = 74	13 + 79 = 92	37 + 36 = 73	58 + 29 = 87	45 + 17 = 62
26 + 28 = 54	55 + 39 = 94	35 + 35 = 70	27 + 67 = 94	76 + 5 = 81
37 + 43 = 80	19 + 23 = 42	54 + 38 = 92	38 + 19 = 57	24 + 27 = 51

Quel est le dessert préféré des araignées?

L A   M O U C H E   A U
57 40   94 93 47 41 52 62   40 47

C H O C O L A T
41 52 93 41 93 57 40 70

A 17 + 23 = 40	B 36 + 55 = 91	C 22 + 19 = 41	D 37 + 36 = 73	E 29 + 33 = 62	F 26 + 39 = 65
G 44 + 19 = 63	H 29 + 23 = 52	I 38 + 28 = 66	J 29 + 49 = 78	K 59 + 12 = 71	L 29 + 28 = 57
M 67 + 27 = 94	O 48 + 45 = 93	P 29 + 14 = 43	R 26 + 35 = 61	S 27 + 19 = 46	T 35 + 35 = 70
U 18 + 29 = 47	V 57 + 27 = 84	Attention! Certaines lettres ne sont pas utilisées dans la charade!			

Qu'est-ce qui est jaune et qui court vite?

U N   C I T R O N   P R E S S É
91 63   50 81 51 80 73 63   84 80 36 55 55 92

A 14 + 28 = 42	B 13 + 49 = 62	C 39 + 11 = 50	D 38 + 8 = 46	E 19 + 17 = 36	G 28 + 32 = 60
H 66 + 9 = 75	I 63 + 18 = 81	J 54 + 7 = 61	K 36 + 58 = 94	L 48 + 9 = 57	M 59 + 19 = 78
N 57 + 6 = 63	O 24 + 49 = 73	P 57 + 27 = 84	R 34 + 46 = 80	S 28 + 27 = 55	T 16 + 35 = 51
U 49 + 42 = 91	V 35 + 35 = 70	É 66 + 26 = 92	X 19 + 76 = 95	Y 77 + 13 = 90	Z 24 + 47 = 71

Attention! Certaines lettres ne sont pas utilisées dans la charade!

Que dit un citron policier à un voleur?

P L U S   U N   Z E S T E
94 52 73 55   73 41   95 70 55 61 70

A 19 + 1 = 20	B 63 + 29 = 92	C 29 + 9 = 38	D 74 + 19 = 93	E 45 + 25 = 70	F 69 + 18 = 87
G 58 + 25 = 83	H 57 + 14 = 71	I 45 + 36 = 81	J 78 + 8 = 86	K 34 + 26 = 60	L 26 + 26 = 52
M 43 + 7 = 50	N 28 + 13 = 41	O 35 + 7 = 42	P 47 + 47 = 94	Z 86 + 9 = 95	R 35 + 39 = 74
S 39 + 16 = 55	T 52 + 9 = 61	U 66 + 7 = 73	V 17 + 18 = 35	W 58 + 32 = 90	Y 67 + 17 = 84

Attention! Certaines lettres ne sont pas utilisées dans la charade!

Addition à 3 chiffres sans regroupement

Aligne les unités, les dizaines et les centaines.
Additionne les unités.
Ensuite, additionne les dizaines.
Puis, additionne les centaines.

Utilise un tableau de centaines, dizaines et unités pour additionner. Surligne en jaune la colonne des unités, en orange la colonne des dizaines et en vert la colonne des centaines.

454 + 231 = 685	122 + 515 = 637	371 + 327 = 698	135 + 762 = 897
412 + 550 = 962	723 + 225 = 948	462 + 223 = 685	284 + 311 = 595
154 + 833 = 987	231 + 426 = 657	553 + 311 = 864	762 + 137 = 899

Additions à trois chiffres sans regroupement (suite)

Utilise un tableau de centaines, dizaines et unités pour additionner. Avec ton surligneur jaune, colore la colonne des unités. Avec ton surligneur orange, colorie la colonne des dizaines. Finalement, met la colonne des centaines en vert.

133 + 14 = 147	655 + 130 = 785	213 + 500 = 713	155 + 323 = 478
314 + 43 = 357	723 + 205 = 928	377 + 111 = 488	432 + 422 = 854
235 + 113 = 348	472 + 126 = 598	263 + 713 = 976	254 + 312 = 566
421 + 332 = 753	116 + 260 = 376	585 + 414 = 999	543 + 436 = 979

Charade mathématique: Additions à trois chiffres sans regroupement

Comment appelle-t-on un yogourt qui court dans la forêt?

U N   Y O G O U R T
243 697 536 538 779 538 243 464 669

N A T U R E
697 358 669 243 464 359

A 121 + 237 = 358	B 123 + 346 = 469	C 134 + 432 = 566	D 212 + 125 = 337	E 246 + 113 = 359	G 255 + 524 = 779
H 152 + 37 = 189	I 313 + 154 = 467	J 266 + 112 = 378	K 155 + 341 = 496	L 171 + 528 = 699	M 284 + 215 = 499
N 516 + 181 = 697	O 321 + 217 = 538	P 524 + 432 = 956	Q 435 + 204 = 639	R 112 + 352 = 464	S 443 + 143 = 586
T 253 + 416 = 669	U 142 + 101 = 243	V 564 + 223 = 787	W 305 + 12 = 317	X 171 + 321 = 492	Y 416 + 120 = 536

Attention! Certaines lettres ne sont pas utilisées dans la charade!

Addition à 3 chiffres avec regroupement

Aligne les unités, les dizaines et les centaines.
Additionne les unités.
Puis, additionne les dizaines.

S'il y a plus que 9 dizaines, échange 10 dizaines pour 1 centaine. Regroupe celle-ci dans la colonne des centaines.
Écris les dizaines.
Additionne les centaines.

Échange 10 dizaines de 120 pour 1 centaine. Regroupe en écrivant 1 dans la colonne des centaines.

Utilise un tableau de centaines, dizaines et unités pour additionner. Surligne en jaune la colonne des unités, en orange la colonne des dizaines et en vert la colonne des centaines.

[1] 564 + 255 = 819	[1] 222 + 491 = 713	[1] 175 + 216 = 391	[1] 439 + 290 = 729
[1] 212 + 195 = 407	[1] 376 + 441 = 817	[1] 564 + 271 = 835	[1] 429 + 180 = 609

Additions à trois chiffres avec regroupement (suite)

Utilise un tableau de centaines, dizaines et unités pour additionner.
Indice: s'il y a plus de 9 unités, échange 10 unités pour 1 dizaines. Regroupe dans la colonne des dizaines.

[ ][1] 239 + 412 = 651	[ ][1] 378 + 319 = 697	[ ][1] 464 + 216 = 680	[1][1] 657 + 154 = 811
[1][1] 236 + 398 = 634	[1][1] 824 + 86 = 910	[1][1] 583 + 289 = 872	[1][1] 777 + 164 = 941

Additionne. Regroupe dans la colonne des dizaines et des centaines.

[1][1] 379 + 23 = 402	[1][1] 287 + 128 = 415	[1][1] 457 + 166 = 623	[1][1] 564 + 257 = 821

Additions à trois chiffres avec regroupement (suite)

Quel est le pain préféré des magiciens?

L A   B A G U E T T E
367 364 449 364 563 569 576 583 583 576

A 119 + 245 = 364	B 180 + 269 = 449	C 258 + 380 = 638	D 173 + 327 = 500	E 458 + 118 = 576	F 397 + 352 = 749
G 249 + 314 = 563	H 296 + 292 = 588	I 382 + 221 = 603	J 402 + 168 = 570	K 415 + 246 = 661	L 138 + 229 = 367
M 385 + 161 = 546	N 138 + 105 = 243	O 284 + 275 = 559	P 192 + 136 = 328	Q 463 + 244 = 707	R 337 + 255 = 592
S 208 + 342 = 550	T 144 + 439 = 583	U 272 + 297 = 569	V 339 + 333 = 672	W 216 + 347 = 563	Y 115 + 316 = 431

Attention! Certaines lettres ne sont pas utilisées dans la charade!

Charade mathématique : addition à 3 chiffres avec regroupement

Je ne fais pas de bruit mais je réveille tout le monde. Qui suis-je?

L E   S O L E I L
717 856 957 791 717 856 693 717

A 193 + 222 = 415	B 184 + 130 = 314	C 451 + 373 = 824	D 664 + 264 = 928	E 272 + 584 = 856	F 465 + 193 = 658
G 386 + 305 = 691	H 223 + 295 = 518	I 507 + 186 = 693	J 184 + 271 = 455	K 328 + 317 = 645	L 535 + 182 = 717
M 676 + 118 = 794	N 289 + 208 = 497	O 367 + 424 = 791	P 250 + 269 = 519	R 148 + 170 = 318	S 629 + 328 = 957
T 561 + 167 = 728	U 770 + 177 = 947	V 182 + 409 = 591	W 441 + 396 = 837	Y 333 + 281 = 614	Z 412 + 295 = 707

Attention! Certaines lettres ne sont pas utilisées dans la charade!

Charade mathématique: Additions à trois chiffres avec regroupement

Qu'est-ce qui peut sauter alors qu'il n'a ni pied, ni jambe?

U N   P O P C O R N
956 726 460 520 460 558 520 657 726

A 153 + 554 = 707	B 167 + 575 = 742	C 277 + 281 = 558	D 366 + 152 = 518	E 788 + 164 = 952	F 419 + 378 = 797
G 124 + 296 = 420	H 194 + 572 = 766	I 259 + 613 = 872	J 170 + 555 = 725	K 247 + 249 = 496	L 181 + 88 = 269
M 517 + 47 = 564	N 155 + 571 = 726	O 125 + 395 = 520	P 343 + 117 = 460	Q 468 + 258 = 726	R 182 + 475 = 657
S 291 + 182 = 473	T 357 + 361 = 718	U 496 + 460 = 956	V 515 + 38 = 553	W 179 + 617 = 796	X 564 + 353 = 917

Attention! Certaines lettres ne sont pas utilisées dans la charade!

Mini-test 1- Les sommes de 0 à 10

6 + 3 = 9	8 + 2 = 10	2 + 4 = 6	3 + 6 = 9	4 + 3 = 7	5 + 1 = 6	1 + 2 = 3
7 + 2 = 9	10 + 0 = 10	4 + 1 = 5	2 + 7 = 9	5 + 2 = 7	4 + 5 = 9	2 + 6 = 8
3 + 3 = 6	1 + 9 = 10	5 + 5 = 10	4 + 6 = 10	5 + 4 = 9	4 + 4 = 8	Nombre de bonnes réponses ___/20

Mini-test 2- Les sommes de 0 à 10

2 + 2 = 4	2 + 7 = 9	3 + 3 = 6	1 + 6 = 7	3 + 4 = 7	2 + 8 = 10	4 + 5 = 9
0 + 1 = 1	5 + 5 = 10	2 + 3 = 5	4 + 4 = 8	3 + 6 = 9	4 + 0 = 4	6 + 3 = 9
1 + 9 = 10	4 + 3 = 7	6 + 2 = 8	8 + 1 = 9	5 + 3 = 8	7 + 3 = 10	Nombre de bonnes réponses ___/20

Mini-test 3- Les sommes de 0 à 10

3 + 3 = 6	2 + 6 = 8	0 + 9 = 9	3 + 4 = 7	7 + 3 = 10	5 + 1 = 6	4 + 6 = 10
5 + 5 = 10	1 + 9 = 10	8 + 1 = 9	5 + 3 = 8	6 + 3 = 9	0 + 5 = 5	7 + 2 = 9
8 + 2 = 10	1 + 7 = 8	4 + 4 = 8	4 + 3 = 7	3 + 1 = 4	1 + 7 = 10	Nombre de bonnes réponses ___/20

Mini-test 4- Les sommes de 0 à 10

3 + 5 = 8	2 + 1 = 3	10 + 0 = 10	1 + 8 = 9	4 + 5 = 9	7 + 1 = 8	4 + 4 = 8
3 + 5 = 5	0 + 9 = 9	2 + 4 = 6	2 + 4 = 6	4 + 6 = 10	3 + 7 = 10	9 + 1 = 10
3 + 7 = 10	2 + 5 = 7	6 + 3 = 9	1 + 4 = 5	5 + 5 = 10	7 + 2 = 9	Nombre de bonnes réponses ___/30

Mini-test 5- Les sommes de 0 à 10

6	8	2	3	4	5	3
+ 3	+ 1	+ 3	+ 6	+ 0	+ 1	+ 2
9	9	5	9	4	6	5
1	5	4	1	5	4	2
+ 2	+ 0	+ 1	+ 7	+ 2	+ 6	+ 6
3	5	5	8	7	10	8
4	1	0	2	5	2	Nombre de bonnes réponses
+ 3	+ 9	+ 5	+ 6	+ 4	+ 4	
7	10	5	8	9	6	/20

Mini-test 6- Les sommes de 0 à 10

2	2	0	4	3	2	4
+ 2	+ 6	+ 8	+ 1	+ 0	+ 5	+ 3
4	8	8	5	3	7	7
3	7	6	0	3	4	5
+ 4	+ 2	+ 3	+ 6	+ 6	+ 0	+ 3
7	9	9	6	9	4	8
1	5	4	8	3	2	Nombre de bonnes réponses
+ 9	+ 5	+ 4	+ 2	+ 3	+ 1	
10	10	8	10	6	3	/20

Mini-test 7- Les sommes de 0 à 10

6	1	9	3	5	5	4
+ 3	+ 5	+ 0	+ 4	+ 4	+ 1	+ 4
9	6	9	7	9	6	8
2	1	3	2	7	0	1
+ 0	+ 9	+ 3	+ 2	+ 3	+ 3	+ 8
2	10	6	4	10	3	9
6	8	5	3	2	4	Nombre de bonnes réponses
+ 2	+ 2	+ 3	+ 2	+ 1	+ 5	
8	10	8	5	3	9	/20

Mini-test 8- Les sommes de 0 à 10

3	4	5	2	1	2	4
+ 5	+ 6	+ 5	+ 6	+ 4	+ 1	+ 4
8	10	10	8	5	3	8
9	0	6	3	2	8	3
+ 1	+ 8	+ 3	+ 3	+ 2	+ 2	+ 2
10	8	9	6	4	10	5
3	5	4	1	5	7	Nombre de bonnes réponses
+ 7	+ 2	+ 5	+ 2	+ 4	+ 2	
10	7	9	3	9	9	/20

Mini-test 9- Les sommes de 0 à 10

2	2	8	3	4	5	3
+ 7	+ 5	+ 0	+ 4	+ 2	+ 5	+ 3
9	7	8	7	6	10	6
2	4	6	7	6	1	8
+ 8	+ 4	+ 2	+ 3	+ 3	+ 1	+ 2
10	8	8	10	9	2	10
3	0	5	3	4	4	Nombre de bonnes réponses
+ 2	+ 6	+ 4	+ 5	+ 0	+ 6	
5	6	9	8	4	10	/20

Mini-test 8- Les sommes de 0 à 10

5	4	4	2	3	4	1
+ 3	+ 1	+ 5	+ 7	+ 6	+ 4	+ 0
8	5	9	9	9	8	1
0	1	7	3	2	5	3
+ 9	+ 8	+ 2	+ 4	+ 5	+ 2	+ 3
9	9	9	7	7	10	6
4	5	3	9	8	7	Nombre de bonnes réponses
+ 3	+ 2	+ 7	+ 1	+ 1	+ 3	
7	7	10	10	9	10	/20

Mini-test 1- Les sommes de 11 à 20

13	7	3	7	8	6	5
+ 2	+ 7	+ 10	+ 8	+ 6	+ 5	+ 9
15	14	13	15	14	11	14
7	8	9	6	17	10	9
+ 5	+ 9	+ 3	+ 9	+ 1	+ 6	+ 10
12	17	12	15	18	16	19
10	18	8	5	6	9	Nombre de bonnes réponses
+ 8	+ 2	+ 4	+ 8	+ 6	+ 7	
18	20	12	13	12	16	/20

Mini-test 2- Les sommes de 11 à 20

11	12	10	3	9	6	8
+ 5	+ 6	+ 4	+ 9	+ 9	+ 7	+ 5
16	18	14	12	18	13	13
14	5	8	13	11	8	9
+ 2	+ 9	+ 9	+ 5	+ 9	+ 8	+ 4
16	14	17	18	20	16	13
10	17	12	5	6	8	Nombre de bonnes réponses
+ 8	+ 3	+ 3	+ 8	+ 6	+ 6	
18	20	15	13	12	14	/20

Mini-test 3- Les sommes de 11 à 20

13	9	10	12	6	12	7
+ 6	+ 3	+ 4	+ 8	+ 6	+ 3	+ 6
19	12	14	20	12	15	13
15	11	16	9	9	10	17
+ 5	+ 2	+ 1	+ 9	+ 5	+ 5	+ 2
20	13	17	18	14	15	19
8	9	6	9	14	8	Nombre de bonnes réponses
+ 9	+ 7	+ 5	+ 6	+ 6	+ 8	
17	16	11	15	20	16	/20

Mini-test 4- Les sommes de 11 à 20

6	5	9	10	4	9	7
+ 6	+ 6	+ 8	+ 3	+ 15	+ 9	+ 4
12	11	17	13	19	18	11
16	8	5	14	8	7	7
+ 2	+ 10	+ 9	+ 6	+ 4	+ 10	+ 7
18	18	14	20	12	17	14
12	13	15	7	9	15	Nombre de bonnes réponses
+ 4	+ 7	+ 5	+ 9	+ 6	+ 2	
16	20	20	16	15	17	/20

Mini-test 5- Les sommes de 11 à 20

11	8	4	10	9	6	8
+ 9	+ 7	+ 9	+ 8	+ 6	+ 5	+ 6
20	15	13	18	15	11	14
5	11	16	9	6	10	17
+ 15	+ 2	+ 4	+ 9	+ 7	+ 5	+ 2
20	13	20	18	13	15	19
18	5	10	7	13	7	Nombre de bonnes réponses
+ 2	+ 7	+ 4	+ 8	+ 2	+ 7	
20	12	14	15	15	14	/20

Mini-test 6- Les sommes de 11 à 20

6	13	16	10	14	19	9
+ 6	+ 7	+ 2	+ 3	+ 5	+ 1	+ 2
12	20	18	13	19	20	11
13	9	6	7	8	6	9
+ 2	+ 10	+ 9	+ 5	+ 8	+ 10	+ 9
15	19	15	12	16	16	18
16	11	8	7	10	10	Nombre de bonnes réponses
+ 4	+ 3	+ 5	+ 4	+ 9	+ 2	
20	14	13	11	19	12	/20

Mini-test 7- Les sommes de 11 à 20

2	8	17	10	9	6	15
+ 9	+ 7	+ 2	+ 8	+ 6	+ 5	+ 3
11	15	19	18	15	11	18
5	11	16	9	6	10	4
+ 8	+ 9	+ 1	+ 9	+ 7	+ 5	+ 8
13	20	17	18	13	15	12
8	5	10	7	13	7	Nombre de bonnes réponses
+ 8	+ 7	+ 4	+ 8	+ 7	+ 7	
16	12	14	15	20	14	/20

Mini-test 8- Les sommes de 11 à 20

11	6	9	17	14	9	13
+ 5	+ 8	+ 2	+ 3	+ 5	+ 7	+ 6
16	14	11	20	19	16	19
10	6	8	4	4	7	4
+ 2	+ 6	+ 9	+ 10	+ 8	+ 10	+ 7
12	12	17	14	12	17	11
13	12	3	7	8	15	Nombre de bonnes réponses
+ 4	+ 8	+ 9	+ 9	+ 3	+ 2	
17	20	12	16	11	17	/20

Mini-test 9- Les sommes de 11 à 20

2	8	19	10	4	6	5
+ 10	+ 8	+ 1	+ 5	+ 8	+ 5	+ 7
12	16	20	15	12	11	12
5	11	16	9	4	9	17
+ 15	+ 2	+ 1	+ 2	+ 7	+ 5	+ 2
20	13	17	11	11	14	19
3	9	10	16	13	8	Nombre de bonnes réponses
+ 9	+ 6	+ 8	+ 4	+ 2	+ 5	
12	15	18	20	15	13	/20

Mini-test 10- Les sommes de 11 à 20

7	15	12	8	4	8	14
+ 6	+ 5	+ 8	+ 0	+ 7	+ 6	+ 2
13	20	20	20	11	14	16
13	6	9	12	8	7	11
+ 5	+ 10	+ 9	+ 4	+ 3	+ 7	+ 7
18	16	18	16	11	14	18
14	10	8	9	6	15	Nombre de bonnes réponses
+ 4	+ 1	+ 5	+ 7	+ 6	+ 4	
18	11	13	16	12	19	/20

Mini-test 1- Additions à 2 chiffres sans regroupement

61	72	40	63	84	55	30
+ 24	+ 15	+ 59	+ 24	+ 13	+ 21	+ 42
85	87	99	87	97	76	72
14	16	42	34	20	40	33
+ 61	+ 73	+ 44	+ 23	+ 60	+ 42	+ 56
75	89	86	57	80	82	89
75	16	55	11	80	27	Nombre de bonnes réponses
+ 24	+ 82	+ 32	+ 66	+ 19	+ 60	
99	98	87	77	99	87	/20

Mini-test 2- Additions à 2 chiffres sans regroupement

55	72	30	23	54	46	26
+ 34	+ 13	+ 42	+ 55	+ 34	+ 31	+ 12
89	85	72	78	88	77	38
41	32	20	35	16	21	35
+ 48	+ 57	+ 37	+ 44	+ 22	+ 78	+ 63
89	89	57	79	38	99	98
26	72	17	21	60	14	Nombre de bonnes réponses
+ 23	+ 24	+ 72	+ 17	+ 39	+ 64	
49	96	89	38	99	78	/20

64 65 66 67 68 69 70 71 72

Mini-test 3- Additions à 2 chiffres sans regroupement

```
 10    82    20    13    24    45    16
+64   +17   +69   +74   +33   +54   +43
 74    99    89    87    57    99    59

 30    10    16    13    40    10    11
+59   +10   +82   +25   +49   +39   +58
 89    20    98    38    89    49    69

 47    13    24    15    52    38
+31   +13   +40   +73   +26   +61     Nombre de bonnes réponses
 78    26    64    88    78    99         ___/20
```

Mini-test 4- Additions à 2 chiffres sans regroupement

```
 38    82    37    23    34    49    13
+20   +17   +61   +74   +34   +50   +73
 58    99    98    97    68    99    86

 55    16    30    26    10    40    14
+44   +23   +55   +23   +16   +49   +52
 99    39    85    49    26    89    66

 83    60    31    12    35    16
+11   +28   +37   +86   +44   +62     Nombre de bonnes réponses
 94    88    68    98    79    78         ___/20
```

Mini-test 5- Additions à 2 chiffres sans regroupement

```
 80    42    60    53    24    35    76
+14   +42   +31   +44   +63   +44   +12
 94    84    91    97    87    79    88

 30    10    16    13    40    10    11
+59   +26   +82   +24   +49   +43   +57
 89    36    98    37    89    53    68

 55    45    22    16    42    18
+31   +13   +40   +63   +20   +11     Nombre de bonnes réponses
 86    58    62    79    62    29         ___/20
```

Mini-test 6- Additions à 2 chiffres sans regroupement

```
 68    18    40    23    34    49    13
+20   +21   +51   +64   +34   +30   +43
 88    39    91    87    68    79    56

 85    66    40    26    10    32    54
+14   +33   +45   +13   +56   +62   +12
 99    99    85    39    66    94    66

 73    50    41    32    25    27
+12   +48   +27   +26   +34   +42     Nombre de bonnes réponses
 85    98    68    58    59    69         ___/20
```

Mini-test 7- Additions à 2 chiffres sans regroupement

```
 14    81    25    14    23    22    31
+61   +16   +12   +83   +30   +74   +62
 75    97    37    97    53    96    93

 39    13    12    13    46    15    14
+50   +26   +86   +51   +40   +40   +50
 89    39    98    64    86    55    64

 46    16    23    14    56    31
+33   +11   +45   +74   +22   +48     Nombre de bonnes réponses
 79    27    67    88    78    79         ___/20
```

Mini-test 8- Additions à 2 chiffres sans regroupement

```
 33    24    45    11    27    53    13
+42   +71   +53   +84   +11   +40   +61
 75    95    98    95    38    93    74

 55    29    30    26    10    20    44
+30   +20   +45   +62   +36   +72   +44
 85    49    75    88    46    92    88

 13    60    31    12    35    16
+54   +27   +35   +75   +22   +80     Nombre de bonnes réponses
 67    87    66    87    57    96         ___/20
```

Mini-test 9- Additions à 2 chiffres sans regroupement

```
 61    72    20    63    84    56    30
+24   +15   +69   +24   +13   +21   +42
 85    87    89    87    97    77    72

 14    16    42    34    20    47    33
+61   +73   +44   +23   +60   +42   +56
 75    89    86    57    80    89    89

 75    16    55    11    80    27
+24   +82   +32   +66   +19   +60     Nombre de bonnes réponses
 99    98    87    77    99    87         ___/20
```

Mini-test 10- Additions à 2 chiffres sans regroupement

```
 22    63    47    89    16    34    55
+74   +23   +12   +10   +82   +61   +14
 96    86    59    99    98    95    69

 80    71    62    53    24    25    16
+14   +26   +35   +44   +23   +72   +60
 94    97    97    97    47    97    76

 32    43    10    29    73    85
+23   +24   +79   +20   +15    +4     Nombre de bonnes réponses
 55    67    89    49    88    89         ___/20
```

Mini-test 1- Additions à 2 chiffres avec regroupement

```
 48    77    26    16    48    49    17
+36   +18   +16   +75   +49   +44   +47
 84    95    42    91    97    93    64

 22    47    17    33    17    31    16
+28   +34   +27   +39   +44   +59   +27
 50    81    44    72    61    90    43

 46    14    16    15    43    18
+27   +19   +54   +67   +28   +66     Nombre de bonnes réponses
 73    33    70    82    71    84         ___/20
```

Mini-test 2- Additions à 2 chiffres avec regroupement

```
 35    68    44    19    35    66    46
+47    +5   +29   +38   +57   +17   +29
 82    73    73    57    92    83    75

 38    63    35    49    74    69    14
 +8   +19   +55   +26   +17   +19   +57
 46    82    90    75    91    88    71

 26    17    11    18    54    25
+66   +56   +39   +67   +27   +68     Nombre de bonnes réponses
 92    73    50    85    81    93         ___/20
```

Mini-test 3- Additions à 2 chiffres avec regroupement

```
 37    66    29    47    24    45     6
+54   +17   +59   +44   +29   +39   +78
 91    83    88    91    53    84    84

 36    18    16    13    45    17    11
+59   +25   +67    +9   +47   +48   +59
 95    43    83    22    92    65    70

 47    18    29    17    55    38
+36   +18   +41   +73   +36   +42     Nombre de bonnes réponses
 83    36    70    90    91    80         ___/20
```

Mini-test 4- Additions à 2 chiffres avec regroupement

```
 38    73    65    44    37    49    13
+26   +17   +29   +46   +34   +22   +78
 64    90    94    90    71    71    91

 35    19    33    24    15    46    17
+45   +24   +58   +57   +16   +49   +56
 80    43    91    81    31    95    73

 79    67    39    18    35    18
+11   +28   +39   +47   +46   +62     Nombre de bonnes réponses
 90    95    78    65    81    80         ___/20
```

Mini-test 5- Additions à 2 chiffres avec regroupement

```
 55    87    54     7    64    45    48
+37    +7   +18   +67   +19   +25   +23
 92    94    72    74    83    70    71

 56    27    76    24    49    15    19
+39   +49   +18   +36   +43   +55   +51
 95    76    94    60    92    70    70

 47    48    29    18    37    29
+36   +44   +51   +63   +53   +42     Nombre de bonnes réponses
 83    92    80    81    90    71         ___/20
```

Mini-test 6- Additions à 2 chiffres avec regroupement

```
 58    77    49    26    37    28    13
+26   +13   +24   +45   +36   +58   +79
 84    90    73    71    73    86    92

 56    29    55    36    17    18    59
+26   +23   +39   +34   +27   +44   +26
 82    52    94    70    44    62    85

 85    63    17    38    65    18
 +9   +28   +36   +47    +6   +62     Nombre de bonnes réponses
 94    91    53    85    71    80         ___/20
```

Mini-test 7- Additions à 2 chiffres avec regroupement

```
 45    38     2    67    89    46    72
+36   +57   +59   +24    +6   +49   +18
 81    95    61    91    95    95    90

 24    37    14    43    15    49    68
+59   +29   +78   +47   +49   +19   +13
 83    66    92    90    64    68    81

 47    18    29    17    55    38
+36   +18   +41   +73   +36   +42     Nombre de bonnes réponses
 83    36    70    90    91    80         ___/20
```

Mini-test 8- Additions à 2 chiffres avec regroupement

```
 38    73    65    44    34    49    17
+26   +17   +29   +46   +38   +23   +75
 64    90    94    90    72    72    92

 46    22    38    57    68    74    19
+45   +29   +58   +29   +16    +9   +55
 91    51    96    86    84    83    74

 77    88     9    17    36    19
+18    +8   +49   +28   +36   +42     Nombre de bonnes réponses
 95    96    58    45    72    61         ___/20
```

Mini-test 9- Additions à 2 chiffres avec regroupement

```
 32    66    29    47    24    45    16
+18   +17   +59   +44   +67   +39   +78
 50    83    88    91    91    84    94

 36    17    16    13    45    17    13
+55   +29   +56   +79   +47   +46   +57
 91    46    72    92    92    63    70

 47    18    29    17    56    38
+36   +18   +41   +73   +36   +42     Nombre de bonnes réponses
 83    36    70    90    92    80         ___/20
```

Mini-test 10- Additions à 2 chiffres avec regroupement

```
 44    77    31    84    76     9    26
+26   +17   +49    +7   +16   +65   +39
 70    94    80    91    92    74    65

 35    19    33    24    15    49    17
+45   +29   +58   +29   +16   +46   +56
 80    48    91    53    31    95    73

 49    67    39    18    35    18
+11   +28   +39   +67   +46   +63     Nombre de bonnes réponses
 60    95    78    85    81    81         ___/20
```

Mini-test 1 - Additions à 3 chiffres avec regroupement

197 +276 = 473	276 +238 = 514	396 +266 = 662	436 +289 = 725	588 +249 = 837	679 +246 = 925	787 +147 = 934
682 +128 = 810	597 +132 = 729	496 +127 = 623	383 +431 = 814	277 +354 = 631	152 +259 = 411	599 +199 = 798
591 +221 = 812	494 +419 = 913	376 +354 = 730	285 +268 = 553	343 +378 = 721	168 +166 = 334	Nombre de bonnes réponses __ /20

Mini-test 2 - Additions à 3 chiffres avec regroupement

185 +257 = 442	267 +279 = 546	349 +189 = 538	483 +438 = 921	594 +357 = 951	665 +176 = 841	777 +129 = 906
736 +191 = 927	669 +183 = 852	535 +271 = 806	449 +226 = 675	374 +434 = 808	269 +549 = 818	184 +651 = 835
366 +166 = 532	467 +256 = 723	391 +339 = 730	588 +267 = 855	154 +657 = 811	222 +189 = 411	Nombre de bonnes réponses __ /20

Mini-test 3 - Additions à 3 chiffres avec regroupement

331 +188 = 519	466 +197 = 663	569 +59 = 628	148 +404 = 552	594 +227 = 821	145 +689 = 834	776 +178 = 954
131 +399 = 530	708 +129 = 837	216 +188 = 404	183 +327 = 510	445 +489 = 934	286 +349 = 635	571 +159 = 730
447 +236 = 683	398 +218 = 616	299 +501 = 800	377 +473 = 850	252 +676 = 928	138 +172 = 310	Nombre de bonnes réponses __ /20

Mini-test 4 - Additions à 3 chiffres avec regroupement

244 +191 = 435	377 +117 = 494	191 +409 = 600	284 +517 = 801	171 +119 = 290	199 +615 = 814	126 +499 = 625
155 +185 = 340	119 +129 = 248	673 +58 = 731	174 +199 = 373	115 +396 = 511	486 +489 = 975	267 +686 = 953
289 +211 = 500	367 +328 = 695	439 +439 = 878	218 +187 = 405	435 +346 = 781	518 +163 = 681	Nombre de bonnes réponses __ /20

Mini-test 5 - Additions à 3 chiffres avec regroupement

688 +40 = 728	767 +107 = 874	398 +315 = 713	87 +594 = 681	853 +98 = 951	162 +777 = 939	537 +168 = 705
119 +199 = 318	229 +189 = 418	648 +188 = 836	208 +344 = 552	154 +489 = 643	91 +791 = 882	571 +290 = 861
539 +235 = 774	661 +299 = 960	341 +388 = 729	189 +142 = 331	224 +176 = 400	67 +744 = 811	Nombre de bonnes réponses __ /20

Mini-test 6 - Additions à 3 chiffres avec regroupement

425 +191 = 616	340 +273 = 613	290 +453 = 743	228 +417 = 645	533 +288 = 821	203 +559 = 762	61 +459 = 520
106 +685 = 791	477 +329 = 806	583 +58 = 641	663 +199 = 862	475 +397 = 872	234 +199 = 433	899 +77 = 976
393 +55 = 448	479 +489 = 968	690 +287 = 977	328 +484 = 812	544 +346 = 890	185 +167 = 352	Nombre de bonnes réponses __ /20

Mini-test 7 - Additions à 3 chiffres avec regroupement

582 +48 = 630	463 +108 = 571	299 +375 = 674	386 +494 = 880	53 +398 = 451	668 +77 = 745	439 +108 = 547
518 +194 = 712	279 +188 = 467	248 +197 = 445	408 +344 = 752	254 +489 = 743	82 +631 = 713	575 +308 = 883
136 +236 = 372	377 +253 = 630	127 +399 = 526	184 +147 = 331	253 +198 = 451	67 +685 = 752	Nombre de bonnes réponses __ /20

Mini-test 8 - Additions à 3 chiffres avec regroupement

465 +261 = 726	380 +383 = 763	230 +583 = 813	217 +697 = 914	596 +308 = 904	205 +659 = 864	99 +889 = 988
106 +685 = 791	27 +799 = 826	533 +188 = 721	643 +299 = 942	455 +377 = 832	264 +168 = 432	748 +77 = 825
693 +44 = 737	379 +591 = 970	590 +372 = 962	328 +209 = 537	865 +46 = 911	289 +267 = 556	Nombre de bonnes réponses __ /20

Mini-test 9 - Additions à 3 chiffres avec regroupement

779 +58 = 837	263 +109 = 372	288 +545 = 833	345 +294 = 639	79 +438 = 517	125 +89 = 214	869 +108 = 977
686 +194 = 880	215 +188 = 403	224 +197 = 421	408 +343 = 751	232 +489 = 721	41 +691 = 732	555 +307 = 862
176 +232 = 408	379 +259 = 638	167 +369 = 536	148 +184 = 332	254 +117 = 371	38 +785 = 823	Nombre de bonnes réponses __ /20

Mini-test 10 - Additions à 3 chiffres avec regroupement

485 +381 = 866	360 +463 = 823	230 +583 = 813	217 +607 = 824	596 +378 = 974	105 +789 = 894	99 +881 = 980
626 +185 = 811	27 +799 = 826	193 +588 = 781	153 +299 = 452	445 +377 = 822	264 +168 = 432	778 +82 = 860
663 +53 = 716	399 +298 = 697	580 +377 = 957	318 +206 = 524	825 +45 = 870	239 +264 = 503	Nombre de bonnes réponses __ /20

82 83 84 85 86

www.ingramcontent.com/pod-product-compliance
Lightning Source LLC
Chambersburg PA
CBHW081343090426
42737CB00017B/3271